Lisa Graf-Riemann / Ottmar Neuburger

111 Orte im Berchtesgadener Land, die man gesehen haben muss

111

emons:

Bibliografische Information der Deutschen Nationalbibliothek
Die Deutsche Nationalbibliothek verzeichnet diese Publikation in der Deutschen Nationalbibliografie; detaillierte bibliografische Daten sind im Internet über http://dnb.d-nb.de abrufbar.

Gestaltung: Eva Kraskes, nach einem Konzept von Lübbeke | Naumann | Thoben
Kartografie: Regine Spohner
Wald- und Siedlungsflächen: OpenStreetMap
SRTM-Daten (Reliefdaten) Jarvis, A., H.I. Reuter, A. Nelson, E. Guevara, 2008, Hole-filled SRTM for the globe Version 4, available from the CGIAR-CSI SRTM 90m Database (http://srtm.csi.cgiar.org).
Flurnamen: interaktive Regionskarte des Berchtesgadener Landes (www.berchtesgaden.de).
Druck und Bindung: CPI – Clausen & Bosse, Leck
Printed in Germany 2018
Erstausgabe 2012
ISBN 978-3-89705-961-0
Aktualisierte Neuauflage September 2018

Vorwort

Bergbau, größte Maschine der Welt, Eisenverhüttung, Jugendstilarchitektur, Sigmund Freud, Philharmonie – denken Sie dabei an das Berchtesgadener Land? Es würde uns nicht wundern, wenn Sie das nicht tun. Auch deshalb haben wir dieses Buch geschrieben.

Wenn Sie »unsere« Orte besuchen wollen, brauchen Sie keine Spezialausrüstung und müssen auch nicht schwindelfrei sein, viele sind sogar barrierefrei und mit Hilfe der eingelegten Karten gut erreichbar. Trotzdem führen wir Sie über Berg und Tal, über weite Ebenen, idyllische Seen und über ein Meer mit steinernen Wellen, das Sie so schnell nicht wieder vergessen werden.

Sie schmökern hier in keinem Reiseführer mit Anspruch auf Vollständigkeit und nicht in einem Wanderführer. In diesem Buch lesen Sie persönliche Schilderungen zu vielen Orten, über die Sie sich freuen, sich wundern und staunen können. Vielleicht ist sogar Ihr künftiger Lieblingsort dabei. Denn auch von wundersamen Dingen ist hier die Rede, vom »Blaueis« und von der Almer Wallfahrt. Von einer Eishöhle im Schein der Karbidlampen, von einer Torfbahn und dem »Arschleder« der Bergmänner. Vom eleganten »Mountain Spa« und von der ältesten Luftseilbahn der Welt. Ausflüge führen vom Berchtesgadener Land ins benachbarte Salzburg, auf den Mönchsberg und in die Katakomben des Friedhofs von St. Peter. Auch von den Tortenwagen im Tomaselli und den Einspännern im Café Bazar ist hier die Rede. Machen Sie sich auf die Reise und kommen Sie mit. Sie werden staunen.

Warum eigentlich in die Ferne schweifen?

Diese Frage stelle ich mir schon manchmal, wenn ich in einem kleinen Zelt am Ende der Welt gerade auf besseres Wetter warte. Die Berge der Welt auf neuen, auf eigenen Routen zu besteigen, das ist meine Leidenschaft.

Das Reisen ist ein wichtiger Teil meines Lebens geworden, aber das Nach-Hause-Kommen ist jedes Mal ein Fest. Ich fahre dann auf der A 8 von München Richtung Salzburg, und wenn ich den Hochstaufen, den Untersberg und den Watzmann sehe, dann bin ich wieder daheim. Hier kann ich meine alpinen Ambitionen ausleben.

Lieben und schätzen gelernt habe ich die Berge nirgendwo anders als im Berchtesgadener Land, hier ist mein Lebensmittelpunkt und mein Zuhause. Mit meinem Sohn Emanuel verbringe ich jede freie Minute in den Bergen, ob beim Skifahren, auf Skitour oder beim Klettern und Radln. Im Sommer fahren wir oft mit dem Mountainbike von zu Hause aus, in Bayerisch Gmain, wo wir wohnen, über den Listsee und den Jochberg hinauf auf die Höllenbachalm am Zwiesel. Oft überholen wir Wanderer, die diese Strecke zu Fuß gehen. Nach einem Kas- oder Speckbrot auf der Alm geht es auf einem schmalen und steilen Bergpfad wieder hinunter zum Thumsee. Und wir sind jedes Mal wieder begeistert vom Tiefblick auf das kristallklare Blau des Wassers. Nach der Anstrengung haben wir uns die Abkühlung in diesem wunderschönen Gebirgssee wirklich verdient.

Dieses Buch gibt seinen Leserinnen und Lesern Anregungen mit auf den Weg, das Berchtesgadener Land zu erforschen, auf welchem Weg auch immer. Es gibt für mich keine besseren Orte der aktiven Erholung.

Ines Papert

Ines Papert ist Sportkletterin und Eiskletterweltmeisterin.
Geboren in der Lutherstadt Wittenberg, ist sie seit den 1990er Jahren im Berchtesgadener Land zu Hause und hat hier ihre Kletterleidenschaft entdeckt.
www.ines-papert.de

111 Orte

1 Das Ainringer Moos

Mit Gustl durchs Niedermoor

Inmitten der sanft hügeligen Vorgebirgslandschaft liegt hier ein ganz besonderes Stück Landschaft, das mit seiner einzigartigen Vegetation – Eichen, Silberweiden, Moorbirken, Erlen, Hochstauden, Schilfzonen in den Wasserflächen, seltenen Blumen und Gräsern – die Besucher bezaubert. Das Ainringer Moos erzählt von der Entstehung des Niedermoors, aber auch von dessen Nutzung und Ausbeutung durch den Menschen. Es ist ein lehrreiches Industriedenkmal des traditionellen, später maschinellen Torfabbaus und der damit einhergehenden Naturzerstörung. Es dokumentiert auch den ökologischen Nutzen des Moors seit seiner Renaturierung.

Ein Frosch namens Gustl führt als Comicfigur kleine und große Besucher über den Ainringer Moor-Erlebnispfad und fordert in kindgerechten Erlebnisstationen mit Such- und Gedächtnisspielen, Riech- und Tasträtseln zum Mitmachen auf.

Entstanden ist das Ainringer Moos vor etwa 12.000 Jahren aus einem verlandeten Schmelzwassersee des Salzachgletschers. Steinzeitmenschen haben hier gejagt, Kelten und Römer ihre Spuren hinterlassen. Mit dem Torfstich begann man schon Anfang des 19. Jahrhunderts. Torf wurde als Brennmaterial vor allem an die Reichenhaller Saline geliefert. In den wirtschaftlich schwierigen 1920er Jahren wurde der Torfabbau noch einmal intensiviert und das Abbaugebiet durch Rodung erweitert. Der Torf wurde maschinell geformt, eine Dampfmaschine sorgte für den Antrieb. Hunderte Torfhütten standen im Moor, in denen die Torfsoden gelagert und getrocknet wurden.

2003 wurde der Torfabbau eingestellt, einzelne Flächen wurden sukzessive schon seit den 1990er Jahren renaturiert. Die Torfeisenbahn, die einst bis zu sechs Dieselloks und 70 Torfwagen zählte, fährt heute noch ganze 1,5 Kilometer, und das nur für Besuchergruppen und Schulklassen. Betrieben wird sie vom engagierten Verein der »Freunde Ainringer Moos« und seinen Unterstützern.

Adresse Parkplatz Schwimmbadstraße 13, 83404 Ainring; www.ainringer-moos.de | **Anfahrt** B 20 von Bad Reichenhall Richtung Freilassing, bei Firma Palfinger links in Schwimmbadstraße, Parkplatz hinter dem Ainringer Schwimmbad, ab hier Beschilderung »Moor-Erlebnispfad« folgen | **Tipp** Historische Werkzeuge und Maschinen sind im Torfmuseum Mühlreit, Torfwerk Ainring, an der B 304 zu sehen. Auskünfte zu Führungen gibt es unter Tel. 08654/9091.

2 Mitterfelden

Orte als wandelbare Zeitzeugen

Manche Orte verändern über die Jahrzehnte oder gar Jahrhunderte ihr Gesicht nicht merklich. Sie bleiben, was sie sind. Andere liegen an historischen Verwerfungslinien und wandeln sich, passen sich an, wechseln ihr Gesicht und sind kaum mehr erkennbar. Das passiert nicht nur in Großstädten.

Mitterfelden ist so ein Ort, eine flache Siedlung, ein Platz zum Wohnen für viele Menschen, durchzogen von einem dichten Straßennetz. Dazwischen, fast zu versteckt, um darauf aufmerksam zu werden, der Rest eines ehemals wichtigen Gebäudes, das Teil eines »Regierungsflughafens« war, wenn auch nur fünf Jahre, von 1933 bis 1938. Von hier aus flogen Hitler, seine Militärs und Beamten in die Reichshauptstadt Berlin und zurück. Der Gebäudeteil, der heute noch steht und sich dezent hinter Bäumen verbirgt, ist das damals sogenannte »Führerhaus«, das einen eigenen Aufenthaltsraum für Adolf Hitler, ein Restaurant und ein Terrassencafé beherbergte.

1938, mit dem Anschluss Österreichs, wurde Salzburg als Regierungsflughafen genutzt. Der Flughafen Ainring war während des Kriegs Fliegerhorst der Luftwaffe und entging einer Bombardierung nur, weil die Amerikaner an der in Ainring ansässigen Luftfahrt-Forschungseinrichtung interessiert waren, erfuhr dann aber doch noch eine kriegsbedingte Umwidmung. Bis 1947 wurden ehemalige KZ-Häftlinge und sogenannte »Displaced Persons«, Flüchtlinge, Umsiedler und Juden, die auf ihre Ausreise nach Palästina warteten, in der Ainringer Barackensiedlung untergebracht. Dann wurde die heutige Siedlung Mitterfelden errichtet, und vom einstigen Flughafen blieb nicht viel mehr als das ehemalige »Führerhaus«. Es gehört heute zu einem Gebäudekomplex, den die bayerische Polizei als Fortbildungseinrichtung nutzt. In drei Kellergewölben, die ebenfalls zum Flughafen gehörten, gibt es eine kleine Dauerausstellung über den Flughafen während des Zweiten Weltkriegs zu sehen.

Adresse Bereitschaftspolizei Fortbildungsinstitut der Bayerischen Polizei, Zwieselstraße 1, 83404 Ainring | **Anfahrt** B 20 von Bad Reichenhall Richtung Freilassing, beim Wegweiser Hausmoning links, auf Kirchwegstraße, 1. rechts in Zwieselstraße | **Öffnungszeiten** nur nach Anmeldung beim Portier oder unter Tel. 08654/5790 | **Tipp** Eine Ausflugsmöglichkeit in der Nähe ist das Freilichtmuseum in Großgmain mit etwa 100 original wiederaufgebauten Bauernhöfen, Scheunen, Mühlen, Handwerkerhäusern und Almen, Infos unter www.freilichtmuseum.com.

3 Der Dorfplatz

Des Königs schönstes Dorf

Die Kirche von Anger ist von der Autobahn Salzburg–München aus schon weithin sichtbar mit ihrem schmalen Turm aus braungrauem Nagelfluh, der wie ein Finger Gottes von der Anhöhe aufragt, auf der Kirche und Dorfkern angelegt sind. Der Ort hat sogar eine eigene Autobahnausfahrt, an der man mangels Beschilderung aber gern vorbeifährt. Da heißt es aufpassen wie ein Luchs oder weiterfahren bis zur Ausfahrt Reichenhall.

Als König Max I. von Bayern 1824 sein 25. Regierungsjubiläum feierte, wurden ihm zu Ehren auf dem Dorfplatz 25 Linden gepflanzt. Und als sein Nachfolger König Ludwig I. knapp 20 Jahre später den Ort besuchte, ernannte er ihn zum schönsten Dorf in seinem Königreich, das aber nicht so furchtbar groß war. Groß war jedoch in Oberbayern die Schönheitskonkurrenz unter den Dörfern. Es war also eine Auszeichnung. Und das, obwohl zu der Zeit noch nicht einmal die Mariensäule auf dem grünen Dorfanger stand, die im benachbarten Eisenwerk Achtal bei Teisendorf gegossen und erst 1884 aufgestellt wurde. Golden strahlt sie in den weiß-blauen bayerischen Himmel und blickt hinüber auf den Hochstaufen und seine Begleiter.

Was heute ein bisschen die Idylle trübt, sind, neben den inzwischen wieder fehlenden Linden, die Autos, die rund um die große Grünfläche parken. Aber die Angerer sind eben auch nicht mehr mit der Kutsche unterwegs. Einmal im Jahr aber müssen die Fahrzeuge weichen, wenn hier am vierten Wochenende nach Ostern der Kirchweihmarkt einzieht, mit Marktständen, dem Duft nach Zuckerwatte und gebrannten Mandeln, Schiffschaukel, Schieß- und Losbuden. Dann fliegt Jung und Alt im Kettenkarussell über den Platz, und Maria gibt ihren Segen dazu. Den Kirchweihmarkt gibt es dank eines Salzburger Fürstbischofs seit über 500 Jahren, und da das Dorf Anger auch zum Salzburger Kloster St. Peter gehörte, trägt es bis heute dessen gekreuzte Schlüssel im Wappen.

Adresse Dorfplatz, 83454 Anger | **ÖPNV** RVO-Bus 829, Haltestelle Dorfplatz Anger | **Anfahrt** A 8, Ausfahrt Anger/Pilzenberg (nicht beschildert), links auf die Scheiterstraße, in deren Verlängerung zum Dorfplatz | **Tipp** Von Anger aus sind es wenige Fahrminuten bis zu Hans-Peter Porsches TraumWerk – einem modernen Museum für nostalgisches Spielzeug und Modelleisenbahnen. Mit Park, eigener Parkbahn und Abenteuerspielplatz. www.hanspeterporsche.com. Di–So 9–17.30 Uhr.

4 Der Höglwörther See

Strandbad mit 70er-Jahre-Charme

Zugegeben, mondänes Seebad ist anders. Wir sind hier in Oberbayern, und der Högelwörther See ist nur 13,5 Hektar groß. Dafür bietet er eine atemberaubende Bergkulisse als Hintergrund: Lattengebirge, Hochstaufen, Untersberg, von West nach Ost. Für historisches Flair sorgt das ehemalige Kloster Höglwörth an seinem Ostufer. Ein wunderbarer Flecken Erde und ein Stückchen heile Welt.

Das Gebäude des Strandbads sieht aus wie ein Zweifamilienhaus samt Vorgarten als Liegewiese. Es duftet nach Kaffee, Kuchen und Frittiertem, und ab und zu ertönt ein dezenter Ruf, dass die Pommes rot-weiß nun abzuholen seien. Familien und Senioren kommen hierher, Jugendliche treffen sich draußen auf der hölzernen Plattform im See, wo sie unter sich sind. Sogar ein Nichtschwimmerbecken gibt es.

Was macht den Reiz dieses Ortes aus? Das ein bisschen Verstaubte, Friedliche, Genießerische, also reine Nostalgie? Ein bisschen schon. Keine laute Musik, keine Wasserrutsche, kein Sprungturm, keine Motorengeräusche gibt es hier. Nur Wald rundherum, Seerosen mit gelben Blüten erobern die Wasserfläche von den Ufern her, die Silhouette des ehemaligen Klosters, das sich im Wasser spiegelt, eine hölzerne Brücke, unter der man mit Glück einen Hecht reglos im seichten Wasser stehen sieht, das ist der Höglwörther See. Und obwohl er vom Schmelzwasser eines Gletschers am Ende der Eiszeit gespeist wurde, sind seine Wassertemperaturen auch für Warmduscher annehmbar.

Wem das Strandbad zu betulich ist, der kann auch den Badeplatz am Südufer mit kleiner, steiler Liegewiese wählen. Dort kommt bisweilen eine Schwanenfamilie ans Ufer, und die Schwimmenden machen gern Platz, denn die bedrohlich fauchende Mutter Schwan lässt keinen Zweifel daran, wer hier das Sagen hat. Wer nicht zum Baden gekommen ist, kann den Rundweg um den See antreten und anschließend im Biergarten unter schattigen Bäumen rasten und die malerische Aussicht genießen.

Adresse Parkplatz Höglwörther Straße 21, 83454 Anger | **Anfahrt** A 8, Ausfahrt Anger/Pilzenberg (nicht beschildert), links abbiegen, nach 300 Metern rechts in Scheiterstraße und links auf die Salzstraße (St2103), nach 2 Kilometern links in Höglwörther Straße bis Höglwörther See | **Öffnungszeiten** Strandbad Mai–Sept. 9–19 Uhr | **Tipp** Der schattige Rundweg um den See dauert etwa 35 Minuten und ist auch mit Kinderwagen möglich. Tafeln informieren über den Baumbestand rund um den See, für Kinder gibt es Fische, Enten und Schwäne zu beobachten.

5 Das Kloster Höglwörth

Ein Kloster wie ein Schiff

Das Kloster Höglwörth ist seit fast 200 Jahren kein Kloster mehr, und es ist auch kein Wasserschloss, obwohl es von Westen her so aussieht, als schwimme der Gebäudekomplex auf seiner Halbinsel im Höglwörther See. Die abwechselnd weiß und rosa getünchten Mauern werfen ihre Farben auf das bräunliche Wasser des Sees, Seerosen wachsen in den Uferzonen, und Schwäne durchziehen, wie an Schnüren gezogen, den glatten Wasserspiegel. Ein zweites Herrenchiemsee ist es nicht, sein Charme eher ländlich, bäuerlich, beschaulich.

Das Augustiner-Chorherrenstift Höglwörth, gegründet im 12. Jahrhundert, war im Fürsterzbistum Salzburg, zu dem es gehörte, zunächst das kleinste unter den Klöstern. Im 14. Jahrhundert war es durch Schenkungen Grundherr großer Ländereien von Piding bis zum Teisenberg, von Tengling bis nach Nußdorf im Flachgau geworden. Sein Waldbesitz lieferte den für die Eisenerzverhüttung in Teisendorf notwendigen Brennstoff. 1817, wenige Jahre nach der Säkularisation, wurde das Kloster aufgelöst. Der Wald wurde Staatsbesitz, was der Saline von Bad Reichenhall, die immer viel Holz brauchte, zugutekam. Heute ist das ehemalige Kloster im Privatbesitz der Wieninger-Brauherren von Teisendorf.

Die schöne Rokoko-Klosterkirche St. Peter und Paul hat eine süddeutsche Besonderheit zu bieten. Alle drei Jahre wird in der Karwoche im Altarraum ein Heiliges Grab, eine Nachbildung des Grabes in Jerusalem, errichtet. Im Grab ruht ein Bild des Leichnams Jesu, davor ist ein Garten mit Springbrunnen aufgebaut. Ein beleuchtetes Kreuz hängt über der Szene, ein Sonnenrad dreht sich langsam in einem Wolkenprospekt. Beeindruckend sind die über 80 sogenannten Schusterkugeln, farbige, wassergefüllte Glaskugeln, die um Öllichter herum aufgehängt sind und deren Licht fokussieren.

Zu hohen kirchlichen Feiertagen oder zu Konzerten, zum Beispiel beim »Musiksommer zwischen Inn und Salzach«, ist die Kirche geöffnet.

Adresse Höglwörther Straße 21, 83454 Anger | Anfahrt A 8, Ausfahrt Anger (nicht beschildert), links abbiegen, nach 300 Metern rechts in Scheiterstraße, links auf Salzstraße (St2103), nach 2 Kilometern links Höglwörther Straße bis zum Parkplatz beim Klosterwirt | Tipp Gottesdienste finden in der ehemaligen Klosterkirche jeden zweiten Dienstag um 19 Uhr statt. Informationen und Führungen gibt es beim Katholischen Pfarramt Anger (www.pv-aap.de, Kirchen und Kapellen).

6__Der Lagerfriedhof

Ort der Stille

Man muss ein bisschen suchen, um diese im Volksmund »Russenfriedhof« genannte Gedenkstätte zu finden. Die Beschilderung ist etwas für Adleraugen, und einen Parkplatz gibt es einfach nicht. Dafür jede Menge Privatgrundstücke mit Parkverbotsschildern. Wer sich dennoch nicht abschrecken lässt, betritt schließlich einen Ort der Stille, der während des Ersten Weltkriegs, also noch zu k. u. k. Zeiten, Friedhof eines großen Kriegsgefangenenlagers war. Bis zu 40.000 Insassen lebten damals in drei Lagern zusammengepfercht in 290 Baracken. Ab 1915 wurden die ersten russischen Kriegsgefangenen hierhergebracht, dann auch Serben, Galizier, Ukrainer und Italiener. Der sehr große Lagerkomplex reichte von Niederalm bis St. Leonhard in Grödig. 17.000 der internierten Kriegsgefangenen und Flüchtlinge starben in den Lagern, vor allem infolge von Epidemien, und wurden hier begraben.

Das Kriegsgefangenenlager wurde nach Kriegsende aufgelöst. Ein kleiner Lagerteil diente in den 1930er Jahren als Lehrlings-Erholungsheim und nach 1938 der Hitlerjugend als »Führerschule«. Von 1939 bis 1945 wurden 72 verstorbene Gefangene hier bestattet: Russen, Jugoslawen, Franzosen und ein Amerikaner. Ab 1944/45 lebten wieder Flüchtlinge in den Baracken. Die Siedlung erhielt deshalb den Namen »Schwabenlager«. Eine norwegische Wohltätigkeitsorganisation errichtete nach Kriegsende für die verbliebenen Bewohner das »Haus Norwegen«, einen Wohnblock auf dem ehemaligen Lagergrund. Aus dem »Schwabenlager« wurde schließlich der heutige Ortsteil Neu-Anif.

Wie steinerne Wächter stehen die Grabkreuze im Gras und erinnern an Generationen von Menschen unterschiedlicher Nationalitäten und Religionen: Katholiken, Orthodoxe, Juden, die in zwei Weltkriegen alles verloren haben, ihren Glauben, ihre Liebe, ihre Hoffnung und ihr Leben. Ihre Gebeine ruhen am Fuß des Untersbergs, in einem stillen Hain.

Adresse Friedhofweg 1, A-5081 Anif-Neu-Anif | **ÖPNV** RVO-Bus 840, Haltestelle Neu-Anif | **Anfahrt** A 10, Ausfahrt Salzburg Süd, Grödig, der Berchtesgadener Straße folgen, rechts in Neu-Anifer Straße, 2. Straße rechts in »Am Gois«, dann rechts in Friedhofweg, keine Parkmöglichkeit | **Tipp** Weiter auf der Alpenstraße Richtung Salzburg geht es nach nur wenigen Kilometern in Anif ab zum schön angelegten Tiergarten Hellbrunn (www.salzburg-zoo.at). Hinter dem Tiergarten liegen der große und im Sommer sehr beliebte Schlosspark und das Schloss Hellbrunn.

7__Die Alte Saline

Ein Karl-Theodor im Untergrund

Die Alte Saline in Reichenhall ist ein Industriedenkmal von europäischem Rang und wahrscheinlich die schönste Saline weltweit. Das rote Backsteingebäude mit dem glänzenden mehrfarbigen Dach der Salinenkapelle beeindruckt schon durch seine Lage. Rechter Hand ragt der 1.771 Meter hohe Hochstaufen auf. Links erkennt man den Predigtstuhl, den Reichenhaller Hausberg, auf dem die weißen Stützen der ältesten sich noch in Betrieb befindlichen Seilbahn der Welt erkennbar sind.

Nicht weniger beeindruckend ist das Innere der Alten Saline. Im Eingangsbereich wird die moderne Salzgewinnung dargestellt. Dann aber geht es mit einem Gästeführer hinein in den Bauch der Saline, bis 15 Meter unter Tage. Alle Maschinen, Zahnräder, Pumpen, Stollen, Sole- und Süßwasserleitungen sind tipptopp in Schuss und arbeiten noch, wenn auch nicht mehr rentabel, denn der Salzgehalt der Sole ist stark zurückgegangen. Als »besseres Nudelwasser« charakterisiert es der Gästeführer. Aber die beiden 13 Meter hohen Wasserräder im Pumpenhaus drehen sich, die Zahnräder greifen lautlos ineinander, und die Pumpen fördern Sole wie seit Jahrhunderten.

Unten in den Stollen rauschen die gefassten und abgeleiteten Süßwasserquellen und Bäche. Es tropft von der Decke, und manchmal heißt es den Kopf einziehen. In einem der Stollen begegnet uns Karl-Theodor, nicht der flüchtige fränkische Adlige, sondern der bayerische Kurfürst und Förderer des Salinenwesens. Er war nicht sehr beliebt, deshalb schimmert sein Marmorkonterfei auch nur im Untergrund. 100 Kinder soll er gezeugt haben, weshalb einem Berühren seiner kühlen Wange wundersame Folgen zugeschrieben werden.

Über die Arbeitsbedingungen der Salinenarbeiter und Holztrifter, die Beamten, die das »weiße Gold« verwalteten und damit die Stadt Reichenhall – »reich an Hall«, das heißt Salz(-quellen) – groß machten, informiert im Anschluss an die Führung das Salzmuseum.

Adresse Alte Saline 9, 83435 Bad Reichenhall; www.alte-saline.de | **ÖPNV** Stadtbusse 1, 2, 4, Haltestelle Rathausplatz; zu Fuß circa 350 Meter vom Bahnhof Bad Reichenhall-Kirchberg | **Anfahrt** Bahnhofsplatz Hauptbahnhof Bad Reichenhall, rechts in Bahnhofstraße, geradeaus auf Wittelsbacherstraße, geradeaus auf Innsbrucker Straße, links in Kammerbotenstraße, links Salinenstraße | **Öffnungszeiten** ganzjährig 10–16 Uhr, im Winter montags geschlossen | **Tipp** Auf einem halbstündigen Fußweg kann man von der Alten Saline hinauf zur Burg Gruttenstein spazieren, mit schönem Blick über das Reichenhaller Tal. Auf einem Rundweg kommt man wieder zurück in die Altstadt.

8 Das Axelmannstein

Grandhotel mit Geschichte

Von der Wiese »Ehsilmanstain«, die um 1017 in einem Güterverzeichnis des Klosters Tegernsee zum ersten Mal erwähnt wird, bis zum traditionsreichen Reichenhaller Luxushotel Axelmannstein war es ein langer Weg.

Das erste Gebäude, das im 16. Jahrhundert hier stand, war ein Landschlösschen. Es wurde 1834, beim großen Stadtbrand, ein Raub der Flammen. Ein »Salzmaier« (Leiter der Saline) errichtete 1837 ein klassizistisches Wohngebäude, sein Schwiegersohn machte 1846 daraus die »Sole und Molkenkuranstalt Achselmannstein«. Es wurde das erste Kurhotel der Stadt und damit die Keimzelle des Staatsbades Bad Reichenhall, dicht an der Soleleitung und den Gradieranlagen. König Max II. gab dem Hotel den Ritterschlag, danach kamen sie alle. 1911 wurde noch einmal neu gebaut, daraus wurde das heutige Axelmannstein. Steigenberger stieg nach dem Krieg ein und führte das Haus bis 2008. Heute wird das Hotel als »Wyndham Grand Bad Reichenhall Axelmannstein« geführt. Eine Nabelschnur verbindet das unter Denkmalschutz stehende 4-Sterne-Hotel mit seiner Geschichte: Der Findling im hoteleigenen, 30.000 Quadratmeter großen Park könnte der einstmals namengebende Ehsilmanstain sein.

Noch eine Geschichte hat das Hotel zu erzählen: 1937 war der Schriftsteller Erich Kästner mehrere Wochen zu Gast. Er wollte zu den Salzburger Festspielen und eigentlich in Salzburg logieren, was aufgrund von strengen Devisenbestimmungen nicht möglich war. Also fuhr er täglich per Bus von Reichenhall nach Salzburg hinüber und dachte sich dabei den Roman »Der kleine Grenzverkehr« aus, der teilweise im Hotel Axelmannstein spielt. Das Buch erschien 1938 und wurde ein großer Publikumserfolg. Eine Grenze gab es da schon keine mehr, denn Österreich war Teil des Deutschen Reichs geworden. Das Axelmannstein hat alle Zeiten überstanden und ist heute wie damals erstes Haus am Platz.

Adresse Salzburger Straße 2–6, 83435 Bad Reichenhall; www.wyndhamgrandbadreichenhall.com | **ÖPNV** Stadtbusse 1, 2, 4, Haltestelle Kurgastzentrum | **Anfahrt** Bahnhofsplatz Hauptbahnhof Bad Reichenhall, rechts in Bahnhofstraße, geradeaus Wittelsbacherstraße, links Luitpoldstraße, geradeaus Kurstraße, dort parken, geradeaus 300 Meter Fußweg | **Tipp** Im neuen Kurgastzentrum in der Wittelsbacherstraße, das etwa 500 Meter vom Hotel entfernt ist, finden regelmäßig Musik- und Theaterveranstaltungen statt. Dort ist auch die Spielbank Bad Reichenhall untergebracht. Es besteht kein Spielzwang, und der Speisesaal des Casinos ist frei zugänglich.

9 Die Burgruine Karlstein

Zwei Ziele teilen sich einen Felsen

Fährt man von Reichenhall Richtung Thumsee, sieht man im Ortsteil Karlstein die Wallfahrtskirche St. Pankratius als Blickfang leuchtend gelb auf dem Pankrazfelsen thronen. Ob man zuerst sie oder die Burgruine Karlstein besuchen will, muss man entscheiden, wenn man am Fuß des Felsens steht. Es geht nur nacheinander. Einen Fußweg von der Kirche hinüber zur Burg gibt es nicht, er endet an einer Abbruchkante.

Also zuerst durch einen Laubwald hinauf zur Burgruine und am Ende des Wegs eine steile Treppe erklommen, bevor man durch ein Rundbogentor den Burghof betritt. Reste einer Kapelle sind zu erkennen, ein runder Turm, eine quadratische Zisterne, in der das Regenwasser gesammelt wurde, und die Überreste der Umfassungsmauer. Die Holzkohlehaufen sind keine mittelalterlichen Überreste, sondern stammen von Lagerfeuern jüngeren Datums. Der Blick nach Westen geht über den grünen Thumsee, nach Osten zur Wallfahrtskirche und hinauf zum Predigtstuhl. Eine Sitzbank am Ostende der Anlage bietet freien Blick auf die Saalachebene bis hinüber zur Festung Hohensalzburg.

Bewohnt war der Pankrazfelsen bereits seit der Bronze- und Hallstattzeit. Fundstücke aus Ausgrabungen sind im Bad Reichenhaller Heimatmuseum zu sehen, das hoffentlich bald wiedereröffnet wird. Erbaut haben die Burg die Grafen von Peilstein aus Niederösterreich um 1150. 1218 kam sie in den Besitz des Bayernherzogs und erhielt die Niedere Gerichtsbarkeit über die umgebende Hofmark Karlstein, bis sie im späten 17. Jahrhundert verfiel.

Wir steigen wieder ab und diesmal hinauf zur Wallfahrtskirche. An Felsspalten, Wegkreuzen und Nischen mit Heiligenfiguren vorbei geht es hinauf auf den lediglich 550 Meter hohen Felsen und um die außerhalb der Wallfahrtstage verschlossene Kirche herum zu einer Rastbank mit Aussicht über den gesamten Reichenhaller Talkessel bis nach Salzburg und darüber hinaus.

Adresse Parkplatz Schmalschlägerstraße 20, 83435 Bad Reichenhall | **Anfahrt** Bahnhofsplatz Hauptbahnhof Bad Reichenhall, rechts in Bahnhofstraße, geradeaus auf Wittelsbacherstraße, geradeaus auf Innsbrucker Straße, rechts Reichenbachstraße, geradeaus Kretabrücke und weiter ST2101, nach 1,3 Kilometern rechts in Schmalschlägerstraße, 2 ausgeschilderte Parkplätze, Fußweg nach St. Pankraz links, zur Burgruine rechts | **Tipp** In der Nähe der Burgruine Karlstein befinden sich zwei schöne Seen: der größere Thumsee, ein Badesee mit Strandbad und Gasthäusern, und der kleine, ganz von Wald umgebene Listsee, der mitten im Wasserschutzgebiet liegt (Zufahrt über den Jochbergweg oder die Listseestraße).

10__Das Café Reber

Fragen zur Mozartkugel

Frage eins: Was hat Wolfgang Amadeus Mozart mit der nach ihm benannten Kugel zu tun? Antwort: gar nichts. Frage zwei: Wer hat sie erfunden? Antwort: die Österreicher, genauer die Salzburger.

Es war der Salzburger Konditor Fürst, der sie erfunden hat, und zwar 100 Jahre nach Mozarts Tod. Er nannte seine Praline »Mozart-Bonbon«, stellte sie 1905 in Paris auf einer Messe vor und bekam prompt eine Goldmedaille. Leider versäumte er es, sich Rezept und Namen patentieren zu lassen, was bis heute immer wieder zu kleineren Querelen führt. Die Fürst'schen »Original Mozartkugeln« sind in blau-silbernes Stanniol verpackt. Sie sind vollständig rund, größer als ihre Konkurrenten und vor allem teurer, denn sie sind handgerollt. Und das sieht ihnen der Kenner auch an. Indiz: die kleine Delle, die von dem Holzstäbchen stammt, auf das sie aufgespießt und in Kuvertüre getaucht werden.

Was Fürst im Jahr produziert, schaffen die beiden großen Roten in drei Tagen. Das ist einmal die Mirabell »Echte Salzburger Mozartkugel«, die zum US-Multi Kraft Foods gehört. Auf bayerischer Seite ist es die »Echte Reber-Mozartkugel«. 500.000 Stück werden täglich in Bad Reichenhall produziert. Die Firma ist in Deutschland mit einem Anteil von 90 Prozent Marktführer.

Herr Wolfgang Amadé ist, in Bronze gegossen, im Mozart-Garten persönlich anwesend, auch Constanze, seine Gemahlin, und sogar Pimperl, das Mozart'sche Hündchen. Verfehlen kann man die Confiserie Reber in der Reichenhaller Fußgängerzone nicht. Rot leuchten die Markisen des Reberhauses. Oder man folgt einfach den Klassikklängen und findet mit Glück noch einen freien Platz im Boulevard-Café oder im schattigen Mozart-Garten. In den Geschäftsräumen locken dann noch viele weitere Köstlichkeiten aus dem Hause Reber.

Und was ist nun drin in der Kugel? Pistazienmarzipan, Mandeln und Haselnussnougat. Sonst nichts.

Adresse Ludwigstraße 10–12, 83435 Bad Reichenhall; www.reber.com | ÖPNV Stadtbus 4, Haltestelle Rosengasse-Reber | Anfahrt Bahnhofsplatz Hauptbahnhof Bad Reichenhall, rechts in Bahnhofstraße, rechts Spitalgasse, Parkplatz, zu Fuß über Schachtstraße zur Ludwigstraße | Öffnungszeiten Mo–Sa 9–18 Uhr, So, feiertags 14–18 Uhr | Tipp Füllhornbrunnen, Schildkrötenbrunnen, Drei Tanzende Mädchen, Zwei-Buben-Brunnen: Rund 70 Brunnen findet man im Staatsbad Reichenhall. Neben Süßwasserbrunnen gibt es auch Brunnen, die mit heilender Reichenhaller Alpensole gespeist werden.

11 Die Eisenbahn-Steilstrecke

IC-2082, der deutsche Glacier-Express

Hamburg-Altona, 7.12 Uhr. Abfahrt für den »IC-2082 Königssee« auf Gleis 12. Romantiker nennen diesen Zug den deutschen »Glacier-Express«. Nach einer Reise durch ganz Deutschland und neun Stunden nach seiner Abfahrt rollt er auf der Bahnstrecke zwischen Bad Reichenhall und Berchtesgaden, die 1888 in Betrieb genommen wurde und Berchtesgaden mit dem Rest der Welt verbindet. Auf nur 7,4 Kilometern legt die Strecke 230 Höhenmeter zurück und zählt damit zu den steilsten Ahäsionsbahnstrecken Europas. Es ist also eine Eisenbahn, die hier fährt, keine Zahnradbahn. Und einen Gletscherblick, nein, eigentlich zwei, kann man auf der Strecke tatsächlich erhaschen, vorausgesetzt, das Wetter spielt mit.

Unmittelbar nach Bad Reichenhall-Kirchberg geht die Gebirgsfahrt los. 20 Minuten lang schlängelt sich der Zug zwischen dem fast 2.000 Meter hohen Untersberg und dem Lattengebirge zum Scheitelpunkt der Strecke in 693 Metern Höhe. Langsam quälen sich die Waggons durch enge Kurven. In Linkskurven stöhnen die Radsätze etwas anders als in rechten, und immer wieder ist von der modernen E-Lok ein Klopfen zu hören, als würde sie immer noch mit Dampf betrieben.

Ab Hallthurm, einem Pass, der vor 1810 die Grenze zwischen der Fürstprobstei Berchtesgaden und dem Königreich Bayern bildete, geht es dann wieder bergab. Das Klopfen ist vorbei, nur ein leises Stöhnen begleitet die Fahrt. Dann öffnet sich das Tal, und ins Bild schiebt sich der schönste Gletscher Deutschlands, das Blaueis auf dem Hochkalter. Man muss schon gut aufpassen, denn er bleibt nur für Augenblicke im Bild. Dann kommt schon der Watzmann, Wahrzeichen des Berchtesgadener Landes, mit seinem Gletscher am oberen Ende des Watzmannkars und klärt, warum man in Hamburg um 7.12 Uhr den deutschen Glacier-Express besteigen kann. Nach weiteren zehn Minuten ist dann der Bahnhof Berchtesgaden erreicht, und es heißt »Endstation, alles aussteigen«.

Adresse Bahnhofplatz 2, 83435 Bad Reichenhall | **ÖPNV** Stadtbusse 1, 2, 4, Haltestelle Hauptbahnhof | **Anfahrt** A 8, Ausfahrt Bad Reichenhall, Kreisverkehr 1. Ausfahrt Reichenhaller Straße Richtung Lofer, rechts Bad Reichenhall Kurgebiet, Münchner Allee, rechts auf Bahnhofplatz | **Tipp** Nur etwa einen Kilometer vom Bahnhof entfernt ist die Rupertus Therme mit Thermen- und Saunalandschaft, Wellness- und Fitnesscenter. Kombipreise mit anderen Sehenswürdigkeiten des Berchtesgadener Landes helfen sparen, Infos unter www.rupertustherme.de.

12 Die Gebirgsjägerkaserne

Die letzte Langohrkompanie der Bundeswehr

Die Gebirgsjäger gehören ins Gebirge, denkt man, wie die Kühe auf die Alm, der Skilift an den Hang und das Elektroboot auf den Königssee. Im Berchtesgadener Land ist die Gebirgstruppe mit dem Edelweiß auf der Mütze fest verwurzelt. Man trifft sie kletternd an der Felswand oder im Winter in einer Karawane aus Tarnanzügen in Tourenskiern am Rand einer Skipiste den Berg hinaufsteigend. Schwieriges Gelände und extreme Wetterbedingungen, das ist das Einsatzgebiet der Gebirgsjäger. Ihre Ausbildung soll sie auf militärische Auslandseinsätze vorbereiten. Zu Hause leisten sie auch zivile Dienste in schwierigem Gelände, in den Staatsforsten, im Nationalpark oder bei der Hüttenversorgung.

Zwei von fünf Teilen der Gebirgsjägerbrigade 23 »Bayern« sind im Berchtesgadener Land stationiert, in Bischofswiesen-Strub und in Bad Reichenhall. Und die Reichenhaller Kaserne in der Nonner Straße hat etwas ganz Besonderes zu bieten: die »Gebirgstragtierkompanie 230«, die letzte ihrer Art und überhaupt die einzige pferdehaltende Einheit der Bundeswehr.

Fährt man an der Rückseite des Kasernenkomplexes entlang, dann findet man dort keine Hightech-Kampfpanzer, keinen Leopard, keine ferngesteuerten Drohnen. Dort stehen leibhaftige Pferde und Maultiere auf der Weide. 54 Tragtiere werden hier gehalten, gepflegt und für den militärischen Einsatz trainiert. Das sind Haflingerpferde und ihre langohrigen Kollegen, die Maultiere. Sie sind aus Esel und Pferd gekreuzt und besonders unempfindlich gegen Hitze und Kälte. In unwegsamem Gelände können sie bei schwierigen Wetterbedingungen einem Hubschrauber überlegen sein. Den Huftieren selbst wird es wohl egal sein, dass sie Protagonisten einer ganzen Kompanie sind, wenn nur die Versorgung und Pflege stimmt und für genügend Auslauf in den Bergen gesorgt ist. Ihren besonderen Einsatz haben die Tragtiere zur jährlichen »Stallweihnacht« in der Reithalle der Kaserne.

Adresse General-Konrad-Kaserne, Nonner Straße 23, 83435 Bad Reichenhall | ÖPNV Stadtbus 2, Haltesteller Nonner Straße | Anfahrt Bahnhofsplatz Hauptbahnhof Bad Reichenhall, rechts in Bahnhofstraße, geradeaus auf Wittelsbacherstraße, geradeaus auf Innsbrucker Straße, rechts Reichenbachstraße, geradeaus Kretabrücke, rechts in Nonner Straße | Tipp Das »Nonner Kircherl« St. Georg ist wegen seines gotischen Flügelaltars aus der Werkstatt Gordian Guckhs von 1513 sehenswert. Sie können auch dem Hoswaschbach bis zur Mündung in die Saalach folgen und auf dem Uferweg zurückwandern.

13 Das Gradierwerk

Wo Salz in der Luft liegt

Man erinnert sich an Thomas Manns Zauberberg, sobald man, am kleinen Pförtnerhäuschen vorbei, den Bad Reichenhaller Kurgarten mit seinem gepflegten, blühenden Blumenschmuck betritt. Zahlreich steht exotisches Gehölz im Park, es scheint wie aus zufällig verstreuten Samen gewachsen, doch trotz dieses ersten Eindrucks erkennt man die perfekt arrangierende Hand des Gartenkünstlers Carl von Effner, der im königlichen Auftrag 1868 diesen Garten anlegte.

Die entschleunigende Wirkung des Gartenkunstwerks erfährt jeder, der sich mehr als ein paar Dutzend Schritte hineinbewegt. Nach Osten begrenzt das mit über 160 Metern längste europäische Gradierwerk den Park. Es wirkt wie ein Relikt des Fin de Siècle: ein Holzbauwerk von erstaunlicher Dimension mit zwei Flügeln, die sich von einem zentralen Holzpavillon nach Süden und Norden erstrecken. Es ist ein 23 Meter hohes, mit Holzschindeln bedachtes Bauwerk, in dessen Mitte eine Wand aus 100.000 Schwarzdornbündeln errichtet ist, an der fünfprozentige Sole herabrieselt. Links und rechts der Wand verläuft ein ebenfalls holzbedachter Weg, auf dem die Kurgäste schlendernd das Aerosol atmen, um Linderung bei Atemproblemen zu finden. Salzwassertröpfchen vermischen sich mit der Luft und sind der Grund für die positive Wirkung dieser Anwendung.

Früher nutzte man Gradierwerke, um die Gradierung, also den Salzgehalt der Sole, zu erhöhen und dadurch effektiver, unter geringerem Verbrauch von Brennholz, das begehrte Speisesalz zu gewinnen. Eine verbesserte Technik machte diesen Einsatz überflüssig. Nur die therapeutische Wirkung hat das Gradierwerk bis in unsere Gegenwart gerettet.

Nach Süden schließt sich in ähnlichem, nostalgisch wirkendem Charme die Trink- und Wandelhalle des Kurbades an. Darin spendet ein vierträufiger Brunnen sowohl warmes wie kaltes, aber immer eindeutig nach Salz schmeckendes Heilwasser.

Adresse Kurgarten, Salzburger Straße 7, 83435 Bad Reichenhall | **ÖPNV** Stadtbusse 1, 2, 4, Haltestelle Kurgastzentrum | **Anfahrt** Bahnhofsplatz Hauptbahnhof Bad Reichenhall, rechts in Bahnhofstraße, links Luitpoldstraße, geradeaus Kurstraße, parken, quer durch den Kurpark 500 Meter | **Öffnungszeiten** April–Okt. 7–22 Uhr, Gradierwerk im Winter nicht in Betrieb | **Tipp** Nur 10 Minuten Fußweg sind es von hier zum urigen Brauereigasthof Bürgerbräu. Seit 1633 liegt das Traditionsgasthaus am Rathausplatz und bietet neben guter regionaler Küche originelle Gasträume mit bemaltem Gewölbe und einen kleinen Biergarten.

14 Hochstaufen

Der polierte Berg

Wer die Einsamkeit auf Berggipfeln schätzt, der besteigt den Hochstaufen besser unter der Woche als an einem sonnigen Feiertag, denn dann werden die Felsen auf den Anstiegswegen von Schuhsohlen hunderter Bergsteiger blank poliert.

Drei Hauptrouten führen auf den Gipfel des Hochstaufens, der leichtere Wanderweg über die Bartlmahd, der anspruchsvollere über Buchmahd und die »Steinernen Jager«, beide von der Padinger Alm aus. Die dritte Route ist die Direttissima für Könner, der schwere Pidinger Klettersteig.

1.771 Meter hoch, erhebt sich der Hochstaufen über 1.100 Meter aus der Salzachebene und erinnert, von Salzburg aus betrachtet, an den symmetrischen Kegel des Fudschijamas. Er gehört nicht zu den Berchtesgadener, sondern zu den Chiemgauer Alpen. Und auch wenn die Erde unter dem Berg öfter als tausendmal im Jahr bebt, wirklich gefährlich ist das Rumoren nicht und hat auch nichts mit Vulkanismus oder tektonischen Plattenverschiebungen zu tun. Die »Schwarmbeben« sind eine Besonderheit des Hochstaufens und machen ihn für Wissenschaftler interessant. Hier wurde zum ersten Mal ein Zusammenhang von starken Niederschlägen und der Intensität von Beben nachgewiesen. Anscheinend sind in und um den verkarsteten Berg zahlreiche unterirdische Wasserläufe aktiv, die nach Starkregen als Schmiermittel für so große unterirdische Bergstürze sorgen, dass davon die Erde erzittert.

Warum die Felsen von so vielen Stiefeln poliert werden, sieht man spätestens auf dem Gipfel, über dem Reichenhaller Haus. Hoch über der Salzachebene hat man ein ganz besonderes Gipfelerlebnis, das Bad Reichenhall wie einen Ort auf der Modelleisenbahn aussehen lässt und den Blick auf das Bayerische Meer – den Chiemsee – ebenso freigibt wie auf den Alpenhauptkamm. Richtung Inzell blickend, erkennt man sogar den kleinen Frillensee, der als kältester See Mitteleuropas gilt und oft schon im November zufriert.

Adresse Reichenhaller Haus, Nonn 81, 83435 Bad Reichenhall | **ÖPNV** Bus 2, Haltestelle Nonner Straße | **Anfahrt** Bad Reichenhall Richtung Karlstein, Nonner Straße, dann der Straße zum Nonner Oberland bis zum Parkplatz an der Padinger Alm folgen, ab hier Wanderweg | **Öffnungszeiten** Reichenhaller Haus bewirtschaftet von Anfang Mai–Mitte Okt., Tel. 08651/5566 | **Tipp** Wer gern weiterwandert, kann eine Gratüberschreitung über Mittelstaufen, Zenokopf und Zwiesel bis zur Zwieselalm wagen. Die Gehzeit beträgt nur circa zwei Stunden, aber der Weg ist anspruchsvoll.

15 Die Kirche St. Zeno

Wie ein Heiliger über die Alpen kam

In der von außen schmucklosen Kirche staunt man zuerst über das romanische Rundbogenportal aus rotem und weißem Untersberg-Marmor. Je acht Säulen wachsen rechts und links des Portals in die Höhe. Im Tympanon Maria mit dem Kind, flankiert von den beiden Heiligen Rupertus und Zeno. Die äußeren Säulen ruhen auf Marmorlöwen, Beutetiere in Mäulern und Pranken haltend. Der Kampf des Bösen mit den Wächtern des Heiligtums, der guten mit den bösen Mächten, ist das zentrale Thema, das in St. Zeno immer wiederkehrt.

Aber wie kommt der aus Nordafrika stammende heilige Zeno, der im norditalienischen Verona Bischof war, überhaupt nach Reichenhall? Zeno ist der Schutzheilige gegen Überschwemmungen, und da der Talkessel und seine Salzquellen immer wieder durch Hochwasser bedroht waren, erkoren die Reichenhaller ihn zum Schutzpatron. Die erste Zeno-Kirche stand bereits um 800 hier. 807 erfolgte die feierliche Überführung der Gebeine des Heiligen über die Alpen nach Reichenhall.

Im 12. Jahrhundert wurde an der Stelle der alten Kirche eine Basilika errichtet, die heute als größter romanischer Kirchenbau Oberbayerns gilt. Nach einem Brand 1512 erhielt die Kirche ihr gotisches Kreuzrippengewölbe, das Eichenchorgestühl mit dem besonders fein gearbeiteten Propststuhl, die Kanzel und den zwölfseitigen Taufstein aus Adneter Marmor. Darauf sind die zwölf Apostel abgebildet, dazu elf Engel mit den Leidenswerkzeugen: Nägel, Dornenkrone und Essigschwamm.

Eine drastische Darstellung der Vergänglichkeit und ein Memento mori für alle Lebenden ist die Grabplatte im Mittelschiff, auf der der Leichnam eines Chorherrn mit einer Kröte in der geöffneten Brust dargestellt ist, die an seinem Herzen frisst. Im Chorraum, quasi als Gegenbild dazu, befindet sich eine berückend schöne heilige Barbara aus Lindenholz mit vergoldetem Mantel und Krone. Es gibt viel zu entdecken in St. Zeno.

Adresse Salzburger Straße 30, 83435 Bad Reichenhall | ÖPNV Stadtbusse 2, 4, Haltestelle St. Zeno Münster | Anfahrt Bahnhofsplatz Hauptbahnhof Bad Reichenhall links in Münchner Allee, rechts in Zenostraße, kurz vor der Salzburger Straße parken | Tipp Sehenswert ist auch der Friedhof von St. Zeno mit dem Grab des beim Besteigen der Eiger-Nordwand verunglückten Anderl Hinterstoißer.

16 Das Kloster St. Zeno

Der Wohltäter mit dem Lilienzepter

Der Sage nach wurden um 800 eine Mönchszelle und später ein Benediktinerkloster im Osten der Salinenstadt Hall gegründet. Im 12. Jahrhundert wurde daraus ein Stift der Augustiner-Chorherren. Die Mitglieder dieses weltlichen Ordens lebten zumeist nicht im Kloster, sondern waren im ganzen Saalachtal bis hinüber nach Tirol und in den Pinzgau seelsorgerisch tätig. Sie brauten Bier, kelterten Wein und besaßen eigene Sudpfannen in der Reichenhaller Saline. 1803 wurde das Kloster während der Säkularisation aufgelöst. Die Klosterkirche wurde Pfarrkirche, die Gebäude gingen in Privatbesitz über. 1852 übernahmen die Englischen Fräulein die Gebäude und unterhielten dort eine Mädchenrealschule mit Internat, die heutige Maria-Ward-Realschule St. Zeno.

Schmuck- und Herzstück des Klosters ist der romanische Kreuzgang aus dem 12. Jahrhundert. Einst war er mit einer flachen Holzdecke ausgestattet. Im 14. Jahrhundert bekam er ein gotisches Kreuzrippengewölbe mit figürlichen Schlusssteinen, auf denen christliche Symbole, aber auch Fabeltiere abgebildet sind. Die 60 bis 100 Zentimeter starken Mauern, Säulen mit Blattwerkkapitellen und keltischen Flechtband-Ornamenten, zwei Portale aus Untersberger und Adneter Marmor sowie das Tor zum ehemaligen Kapitelsaal verweisen auf die romanischen Ursprünge des Klosters.

In der Fensterlaibungsseite findet sich ein besonders schönes Relief des Wohltäters nicht nur des Klosters, sondern der ganzen Stadt Reichenhall. Es war der Staufer Friedrich I., der Herzog in Bayern, der im 15. Jahrhundert die Salzsiedeanlagen aufkaufte, die Saline, die nicht mehr wirtschaftlich arbeitete, mit hohem Kostenaufwand modernisierte und so für Aufschwung sorgte. Auf dem mittelalterlich anmutenden Relief trägt der Kaiser »Fridericus« Königsmantel und Krone. In der einen Hand hält er den Reichsapfel, in der anderen das Lilienzepter der Staufer. Und den Bart, der ihm seinen Namen gab: Barbarossa.

Adresse Salzburger Straße 30, 83435 Bad Reichenhall | **ÖPNV** Stadtbusse 2, 4, Haltestelle St. Zeno Münster | **Anfahrt** Bahnhofsplatz Hauptbahnhof Bad Reichenhall, links in Münchner Allee, rechts in Zenostraße, kurz vor der Salzburger Straße parken | **Öffnungszeiten** Besichtigung Kreuzgang nur Di 18 Uhr, So 10 Uhr | **Tipp** Im benachbarten Karlspark an der Salzburgerstraße gibt es einen Baumlehrpfad. Neben gemeiner Eibe, Esche und Ahorn können auch Tulpenbäume, ein Mammut- und ein Gingkobaum bestaunt werden. Im Park gibt es auch einen Kinderspielplatz.

17 Das Kurmittelhaus der Moderne

Wie man am Boden bleibt und trotzdem ganz nach oben kommt

Der Architekt und Allrounder Max Littmann hatte vor 80 Jahren modernere Ansichten als manche Hightechmediziner heute. In den 1920er Jahren hat er das Bad Reichenhaller Kurmittelhaus der Moderne konzipiert. Littmann war davon überzeugt, dass »positive optische Reize« den Heilerfolg fördern. Es ist also kein Wunder, wenn man – vor der Fassade des Kurmittelhauses stehend – beim Betrachten der gelungenen Geometrie, der Formen und Symbole des Jugendstils in Kombination mit Elementen des Spätklassizismus meint, einen Schub des Wohlbefindens zu spüren. Das ist vom Architekten gewollt und kein Zufall. Zusammen mit dem ebenfalls im Jugendstil erbauten Hotel Axelmannstein prägt das Kurmittelhaus den Stadtkern Bad Reichenhalls ganz entscheidend.

Von außen ein Kunstwerk, von innen eine Pracht, die es zu bewahren gilt, dachten sich auch Dr. Nikolaus Netzer und die Stadt Bad Reichenhall, als sie eine Komplettrenovierung des Hauses in Auftrag gaben, die 2006 abgeschlossen wurde. Im Kurmittelhaus gibt es neben den üblichen Anwendungen ein bedeutendes Schlaflabor zur Untersuchung und Therapie von Schlafstörungen.

Weltgeltung hat der größte Hypoxie- oder Höhentrainingsbereich. Das ist ein Raum, der eine Atmosphäre simuliert, wie sie nur auf hohen Bergen zu finden ist. Georg von Liebig hat 1889 mit seinen »pneumatischen Kammern« die Technik zur Therapie von Tuberkuloseerkrankungen entwickelt, die Kranken die Möglichkeit eröffnete, auch im Flachland Höhenluft zu schnuppern. Heute nutzen vor allem Leistungssportler diese Technologie, um sich auf Wettbewerbe vorzubereiten. Auch ohne Therapieanwendungen kann man künstlerischen und leiblichen Genuss in den umliegenden Cafés und Restaurants der Fußgängerzone verbinden.

Adresse Salzburger Straße 7, 83435 Bad Reichenhall | ÖPNV Stadtbusse 1, 2, 4, Haltestelle Kurgastzentrum | Anfahrt Bahnhofsplatz Hauptbahnhof Bad Reichenhall, rechts in Bahnhofstraße, links Luitpoldstraße, rechts Kurstraße, parken, 200 Meter Fußweg geradeaus | Öffnungszeiten Mo–Fr 8–18 Uhr, Sa 8–13 Uhr | Tipp Unbedingt sehenswert ist gleich nebenan, in der Kurstraße, das Alte Königliche Kurhaus, das ebenfalls nach Plänen von Max Littmann erbaut wurde.

18 Die Philharmonie

Klassische Musik, nicht nur für Konzerthausexperten

Bad Reichenhall war eines der ersten Kurbäder, das sich schon im 19. Jahrhundert ein eigenes philharmonisches Kurorchester leistete und damit Aufsehen erregte. Diese Investition hat sich gelohnt, denn der Aufstieg Reichenhalls zum königlichen Staatsbad ist auch das Verdienst der Philharmonie. Die Verbindung von Musik und Kur kam beim Publikum an und war, wie Marketingstrategen es heute ausdrücken würden, ein Alleinstellungsmerkmal, das Adelige, Industrielle und Künstler veranlasste, hier Kur und Sommerfrische zu verbringen. Vielleicht ist das ein Grund, warum Reichenhall an dieser Kulturtradition festhält, obwohl andernorts ähnliche Einrichtungen längst dem Rotstift des Kämmerers zum Opfer gefallen sind.

Im Sommer ist die Philharmonische Kurmusik Open Air im Königlichen Kurgarten zu erleben. Wenn das Wetter schlechter ist oder die Jahreszeit den Aufenthalt in geschlossenen Räumen nahelegt, ziehen die Musiker in ihre Behausung, die in Reichenhall besonders nobel, zugleich verspielt und leicht daherkommt, in Form eines Jugendstilrundbaus: Es ist die Konzertrotunde, in der wie im Märchen aus 1.001 Nacht blaue Ornamente und Gold vorherrschen.

Reichenhall leistet sich nach der Landeshauptstadt München das zweite Berufsorchester in Oberbayern. Welch ein wunderbarer Luxus, der aber allen zugänglich präsentiert wird. Denn es ist ein ausgesprochenes Anliegen der Philharmonie, dass in der Rotunde auch jenen Musik geboten wird, die noch keine Konzertsaalexperten sind und ihre Liebe zur klassischen Musik erst noch entdecken müssen.

Einmal im Jahr brennt der nahe gelegene Thumsee mit einem Feuerwerk, und vorher gibt es Live-Philharmonie für alle mit einem obligatorischen Wiener Walzer am Ende. Darüber hinaus locken die Klassik-Festwochen der Bad Reichenhaller Philharmonie Kulturfreunde aus der ganzen Welt in das Bayerische Staatsbad.

Adresse Salzburger Straße 7, 83435 Bad Reichenhall; www.bad-reichenhaller-philharmonie.de | ÖPNV Stadtbusse 1, 2, 4, Haltestelle Kurgastzentrum | Anfahrt Bahnhofsplatz Hauptbahnhof Bad Reichenhall, rechts in die Bahnhofstraße, links Luitpoldstraße, rechts Kurstraße, parken, 200 Meter Fußweg geradeaus | Tipp Die botanischen Schätze des Kurgartens kann man bei einer »Gärtnerischen Führung« entdecken. Die Führungszeiten hängen am Garteneingang aus.

19 Die Predigtstuhlbahn

Die älteste Großkabinenbahn der Welt

Die Predigtstuhlbahn ist eine der mondänsten Luftseilbahnen, die in den 1920er Jahren in den Alpen während eines Seilbahnbooms gebaut wurde. 1928 fertiggestellt, überdauerte sie als einzige Seilbahn die Jahrzehnte ohne wesentliche Änderung, sodass sie heute als die älteste Luftseilbahn der Welt gilt und Industriedenkmal ist.

Sieben Millionen Besucher wurden seitdem mit der Bahn auf den Reichenhaller Hausberg transportiert. Schön, dass man mit einer Bergfahrt das Flair aus den Zwanzigern erleben kann. Designer und Architekten gaben sich große Mühe, etwas Besonderes zu schaffen. Nirgendwo sonst findet man so originelle Gondeln wie bei der Predigtstuhlbahn. Rundum verglast, erinnern die als Zwölfeck gestalteten Gondeln eher an einen Pavillon, die Erbauer nannten sie ganz vornehm »Salons«.

Erst die drei Stützen machen die kühne Linie der Seilbahn möglich, die 1.140 Höhenmeter zur Bergstation überwindet. Aus Spannbeton gegossen, fügen sie sich in ein architektonisches Konzept, das heute noch funktioniert und der Bahn eine moderne filigrane Linie verleiht, ohne auch nur den Hauch eines Zweifels an der Zuverlässigkeit und Sicherheit zuzulassen.

Oben angekommen, betreten die Fahrgäste das auf 1.614 Metern liegende Bergrestaurant, das 2014 wiedereröffnet wurde und mit dem treffenden Slogan »Willkommen im Himmel!« wirbt. Erleben Sie den Blick von der Kaffeeterrasse oder aus dem legendären Kaminzimmer und fühlen Sie sich wie in eine andere Zeit versetzt. Denn Restaurant wie Predigtstuhlbahn stehen unter Denkmalschutz. Genießen Sie den herrlichen Ausblick in den Chiemgau und die Berchtesgadener Berge und die hervorragende moderne regionale Küche.

Für die Nahversorgung steht ganzjährig eine Almhütte 15 Minuten von der Bergstation bereit: kein Ort der Stille und Einkehr, aber eines gelobten Kaiserschmarrns.

Adresse Talstation am Südtiroler Platz 1, 83435 Bad Reichenhall | **ÖPNV** Stadtbus 1, Haltestelle Tiroler Tor/Predigtstuhlbahn | **Anfahrt** Bahnhofsplatz Hauptbahnhof Bad Reichenhall, rechts in Bahnhofstraße, geradeaus auf Wittelsbacherstraße, geradeaus auf Innsbrucker Straße, rechts Reichenbachstraße (B 20), links Richtung Lofer, rechts Loferer Straße (B 21), rechts Luitpoldbrücke, links Kiblinger Straße | **Öffnungszeiten** März–Okt. 9–17 Uhr, Dez.–Febr. 9–16 Uhr, Bergfahrt jede halbe und volle Stunde, bei schlechter Witterung kann die Fahrt eingeschränkt werden, Infos unter www.predigtstuhlbahn.de | **Tipp** Für Trittsichere gibt es eine schöne Tageswanderung von der Bergstation über die »Schlafende Hexe« bis nach Hallturm.

20 Der Thumsee

Idylle mit illustren Gästen

Eingebettet in die Berge, ist der Thumsee mit seinem klaren grünen Wasser und seinen vielen Seerosen ein ganz idyllischer Ort. Der Seewirt am Thumsee, eine Jugendstilvilla, die ehemals der Familie Pachmayr gehörte, verbreitet mit ihrer Holzveranda ein wenig Südstaatenflair mitten in den Bergen. Auf dem Bootssteg vor der Veranda stand zu Beginn des 20. Jahrhunderts Sigmund Freud mit seinem Sohn Ernst Ludwig beim Angeln. Die Familie Freud verbrachte hier die Sommerfrische, und die älteste Tochter des Psychoanalytikers verguckte sich sogar in einen der Pachmayr-Söhne.

Die Villa mit Wintergarten und Terrasse wurde 2014 renoviert und wiedereröffnet. Der Chefkoch bereitet regionale Küche mit mediterranem Flair zu. Die Seeterrasse lädt zu Kaffee und Kuchen ein, auch ein uriger bayerischer Biergarten ist angeschlossen.

Cafégäste und unerschrockene Schwimmer – das Seewasser erreicht nur im Hochsommer gelegentlich 20 Grad – genießen das glasklare Wasser, das erfrischend und belebend wirkt, oder sehen den Fischen zu, die sich in Ufernähe tummeln. Der See ist circa einen Kilometer lang und bei einer Breite von 140 Metern gut schwimmend zu durchqueren. Ausgerechnet der Wasserzugang an der öffentlichen Liegewiese ist einer der Kältepunkte, denn hier mündet ein eisiger Bach in den See.

Einmal im Jahr, meist im Juli, »brennt« der Thumsee. Die Bad Reichenhaller Symphonie reist an und richtet sich in einem weißen Zeltpavillon ein. Die Zuhörer kommen mit Kind und Kegel, Decken und Prosecco, Picknickkörben und Tupperdosen und machen es sich auf der steil ansteigenden Wiese zum Livehörgenuss gemütlich. Nach dem letzten Donauwalzer regnen Feuerwerkskörper vom gegenüberliegenden Felsen herab und tauchen den See in Rot und Gelb und Grün und viele Ohs und Ahs. Mit vollem Bauch und leichtem Kopf wankt man am Ende des Abends zu den Shuttlebussen Richtung Reichenhall zurück.

Adresse Thumsee 1, 83435 Bad Reichenhall, www.thumsee.de | ÖPNV Stadtbus 2, RVO-Bus 9526, Haltestelle Thumsee-West | Anfahrt Bahnhofsplatz Hauptbahnhof Bad Reichenhall rechts in Bahnhofstraße, geradeaus auf Wittelsbacherstraße, geradeaus auf Innsbrucker Straße, rechts in Reichenbachstraße, geradeaus auf Kretabrücke, geradeaus auf St2101, mehrere beschilderte Parkplätze am See | Tipp Sehenswert und nur wenige Gehminuten unterhalb des Thumsees ist das Seemösl, ein Teich bedeckt mit rosa und weiß blühenden Seerosen. Es ist die älteste Seerosenfarm Deutschlands.

21 Der Alte Friedhof

Im Tod sind alle gleich

Der Alte Friedhof liegt mitten im Markt Berchtesgaden, zwischen Kurhaus und Franziskanerkirche. Angelegt wurde er 1685, heute steht er unter Denkmalschutz. Auf engstem Raum befinden sich hier die Gräber alteingesessener Berchtesgadener Familien. Es sind immer wieder dieselben Namen, auf die man über die Generationen hinweg stößt. Im Tod sind bekanntlich alle gleich, zumindest für Gott und den Besucher, der die Lebenden nicht kannte: Junge und Alte, Normalsterbliche, Prominente und ein paar versprengte Von-und-zus, Einheimische, Sommerfrischler und Dagebliebene. Hier das Grab eines ukrainischen Dichters, der jung gestorben ist, und einer Schriftstellerin, die wenige Tage nach ihm starb. Ganze Romane könnte man sich ausdenken zu den mageren Daten: Name, Herkunft, geboren am, gestorben am.

Über andere, die hier ihre letzte Ruhe gefunden haben, weiß man mehr. Etwa über Anton Adner, den ältesten Berchtesgadener, ja den ältesten Menschen, der je in Bayern gelebt und ein biblisches Alter von 117 Jahren erreicht hat. Er handelte sein Lebtag lang mit »Berchtesgadener War«, in Berchtesgaden gefertigten Holzwaren und Spielsachen, die er zu Fuß von Dorf zu Dorf trug und feilbot. Carl Spitzweg hat Adner im Gemälde »Der Kraxenträger in der Schlucht« porträtiert. Von König Maximilian I. erhielt er in seinen letzten Jahren eine Apanage, die seinen Lebensunterhalt sicherte.

Einer der Jüngeren, die hier bestattet sind, ist Toni Kurz, der 1936, mit 23 Jahren, in der Eiger-Nordwand erfror, wenige Seilmeter über der wartenden Rettungsmannschaft. Zu den bedeutenden Gräbern gehört auch das des Schriftstellers Richard Voß und der Frau, die ihn zur Figur Judith Platter im Roman »Zwei Menschen« (1911) inspiriert hat: Mauritia, genannt Moritz Mayer, Besitzerin der Pension Moritz auf dem Obersalzberg, in der prominente Musiker und Künstler zur Sommerfrische residierten.

Adresse Baumgartenallee 7, 83471 Berchtesgaden | ÖPNV RVO-Busse 839, 841, Haltestelle Franziskanerplatz | Anfahrt Bahnhof Berchtesgaden, Bahnhofstraße Richtung Salzburg, an der Ampel links auf der Bahnhofstraße bleiben, weiter auf der Maximilianstraße, parken am Franziskanerplatz | Tipp Sehenswert ist auch die Franziskanerkirche gleich nebenan, in der sich die Gnadenkapelle mit der »Maria im Ährenkleid« befindet, zu der es eine jahrhundertealte Marienwallfahrt gibt.

22 Die größte Maschine der Welt

Das Adelsprädikat des Herrn von Reichenbach

Heute steht sie in der Besuchereinfahrt des Bergwerks Berchtesgaden. Ihr früherer Platz war im Brunnhaus von Ilsank auf Bischofswieser Gemeindegebiet. Die Rede ist von der ehemals »größten Maschin der Welt«. Sie ist ein Werk des Münchner Erfinders und Ingenieurs Georg Reichenbach.

Es geht um eine Solehebemaschine, die das größte Hindernis auf der Soleleitung von Berchtesgaden nach Reichenhall überwand: die 356 Meter hohe Steigung hinauf zum Söldenköpfl. An ihr wäre das ehrgeizige Projekt der Bayern beinahe gescheitert, doch der Reihe nach.

Nach den napoleonischen Kriegen kam Berchtesgaden 1810 zum Königreich Bayern. Nun beabsichtigte man, auch die Berchtesgadener Sole in den bestehenden bayerischen Salinen zu verarbeiten. Das neue Projekt stellte den Herrn Salinenrat Reichenbach vor größte Schwierigkeiten, von denen er sogar dem Mathematiker Gauß per Brief berichtete. Denn die kürzeste Streckenführung über den Hallthurm verhinderte der seit Jahrhunderten umstrittene Verlauf der Grenze zu Salzburg. So blieb nur die Möglichkeit, auf eine Trasse über die Schwarzbachwacht auszuweichen. Es gelang Reichenbach, eine bis dahin nicht erreichte Druckhöhe mit einer einzigen Pumpe zu überwinden: Er baute eine hydraulisch arbeitende Hebevorrichtung, die mit sogenanntem Aufschlagwasser aus 112 Metern die Sole auf die gewünschte Höhe pumpte. 15 Kubikmeter pro Stunde förderte sie, später sogar 18. Eine technische Meisterleistung, für die König Maximilian I. von Bayern, in dessen Anwesenheit 1817 die 29 Kilometer lange Soleleitung von Berchtesgaden nach Reichenhall eröffnet wurde, ihn mit einer lebenslangen Rente und dem erblichen Adelsprädikat ehrte.

Bis 1927 war die Maschine in Betrieb und hat in 110 Jahren fast acht Milliarden Liter Sole zur Reichenhaller Saline gepumpt.

Adresse Bergwerkstraße 83, 83471 Berchtesgaden | **ÖPNV** RVO-Bus 840, Haltestelle Salzbergwerk | **Anfahrt** Bahnhof Berchtesgaden, Bahnhofstraße Richtung Salzburg, an der Ampel rechts der B 305 folgen, nach dem Ortsende in St2100 Richtung Bischofswiesen, gleich links gebührenpflichtiger Parkplatz, Beschilderung folgen | **Öffnungszeiten** Mai – Okt. Mo – So 9 – 17 Uhr; Nov. – April Mo – So 11 – 15 Uhr | **Tipp** Eine schöne Verbindung von Industriegeschichte und Bewegung in freier Natur mit einzigartigem Bergblick bietet eine Wanderung auf den verschiedenen Abschnitten des Soleleitungswegs von Berchtesgaden aus über Ramsau nach Reichenhall, Informationen unter www.ramsau.de.

23 Das Hirschenhaus

Großes Affentheater

Medaillen, sagt man, haben wie viele Dinge im Leben zwei Seiten. Das trifft auch auf das Hirschenhaus in Berchtesgaden zu. Seine zwei Seiten sind die zwei Fassaden, die eine zum Marktplatz, die andere zur Metzgergasse.

Die Marktplatz-Fassade zieren Lüftlmalereien, in denen überlebensgroß der Bauherr Georg Labermair, Kurfürst Maximilian Heinrich von Köln und die Gründer des Stifts Berchtesgaden, die Gräfin Irmingard und ihre Söhne Berengar und Kuno, abgebildet sind. Sie stammen vom Ende des 19. Jahrhunderts.

Die Gestalten der Fassade zur Metzgergasse muten da weitaus exotischer an, und sie sind auch viel älter. Man fühlt sich wie im Kino, wenn man die einzelnen Szenen betrachtet, und denkt, das kann nur der »Planet der Affen« sein. Sie zeigen den Alltag der Menschen in der Renaissance, ihre Sitten und Gebräuche, aber dargestellt werden sie von Affen, die wie Menschen gekleidet sind, sich wie sie bewegen und verhalten. Eine Ungeheuerlichkeit, die sich der Bauherr des 1594 errichteten Gebäudes 1610 mit dieser Bemalung erlaubte. Doch nicht nur die Motivwahl ist es, die dieses Haus auszeichnet, gelten doch diese Lüftlmalereien als älteste erhaltene Zeugnisse dieser Art der Fassadengestaltung nördlich der Alpen, zumindest im bayerischen Raum.

Den Namen Hirschenhaus hat das Gebäude erst zum Ende des 19. Jahrhunderts erhalten, weil sich zwischen 1885 und 1927 hier das Gasthaus zum Hirschen befand. In früheren Zeiten hieß es »Haus zur Pruggen«, das heißt zur Brücke, Hallerhaus und Brothaus. Jeder Hausname steht für eine Epoche in der über 400-jährigen Geschichte, die dieses Haus schon hinter sich gebracht hat. Seiner kulturhistorischen Bedeutung entsprechend, genießt es heute Denkmalschutz und sollte in Zukunft vor Gewaltakten wie dem Umbau 1894, als ihm ein weiteres Stockwerk verpasst und ein Turm zur Seite gestellt wurde, geschützt sein.

Adresse Marktplatz 3, 84371 Berchtesgaden | **ÖPNV** RVO-Bus 839, 841, Haltestelle Berchtesgaden Zentrum | **Anfahrt** Bahnhof Berchtesgaden, Bahnhofstraße Richtung Salzburg, an der Ampel links, auf der Bahnhofstraße bleiben, weiter auf der Maximilianstraße, Tiefgarage | **Tipp** Von April bis Oktober kann man sich von der »Berchtesgadener Nachtwächterin« durch den Markt führen lassen und dabei viel über die Geschichte und die Bewohner des Ortes erfahren. Die Führung beginnt um 20 Uhr am Schlossplatz. Aktuelle Termine bei der Tourist-Info Berchtesgaden.

24 Das Hofbrauhaus

Traditionell blau

Nicht nur in München steht ein Hofbräuhaus, sondern auch in Berchtesgaden, und das schon seit 1645. Nur heißt es hier Hofbrauhaus und ist, wir geben es zu, etwas kleiner als das Münchner Double.

Berchtesgaden war über Jahrhunderte hinweg ein souveräner, wenn auch kleiner Staat. Regiert wurde es von einem Fürstprobst, der dem Chorherrenstift vorstand und in sein Amt eingesetzt wurde, da Ordensleute ja möglichst keine Nachfahren haben sollten. Als 1594 Ferdinand von Bayern Propst wurde, dauerte es nicht mehr lange, bis 1610 eine zum Stift gehörende Brauerei urkundlich erwähnt wurde. 1645 machte Ferdinand die Brauerei zur Chefsache und zum Hofbrauhaus. Eine passende Begründung hatte der Bayer auch gleich zur Hand, denn eine von ihm in Auftrag gegebene Untersuchung hatte ergeben, dass es mit den »inneren Verhältnissen« der Fürstpropstei nicht zum Besten stand. Deshalb wollte er seine Landeskinder wenigstens mit einem »wohlfeilen Getränk« versorgen.

Nach der Säkularisation 1803 wechselte die Brauerei des Öfteren den Besitzer, bis 1840 die Familie Wannersdorfer-Kriß die Brauerei übernahm. Rudolf Kriß senior hat Brauerei und Gasthaus 1906 bis 1907 errichten lassen. Sein Sohn, der Volkskundler Rudolf Kriß junior, Mitglied der Berchtesgadener Weihnachtsschützen und vom NS-Regime verfolgt, verkaufte das Brauhaus 1970 an Thurn und Taxis. Seit 2008 werden die Geschicke der Brauerei Hofbrauhaus Berchtesgaden GmbH wieder in Berchtesgaden gelenkt. Gebraut wird ein Berchtesgadener Helles, ein Pils, Jubiläumsbier und Heller Bock.

Auf der Speisekarte des Bräustüberls fehlt der Schweinebraten ebenso wenig wie der Bierochse in dunkler Biersoße und diverse Würste aus der Hausmetzgerei. Für Vegetarier kann es da schon eng werden. Besonders schön an warmen Sommerabenden: der Gastgarten im Innenhof, in den man auch Besucher jederzeit einladen kann.

Adresse Bräuhausstraße 13, 83471 Berchtesgaden; www.braeustueberl-berchtesgaden.de | **ÖPNV** RVO-Bus 837, Haltestelle Hofbräuhaus | **Anfahrt** Bahnhof Berchtesgaden, Bahnhofstraße Richtung Salzburg, an der Ampel rechts der B 305 folgen, links in die Bräuhausstraße abbiegen | **Öffnungszeiten** Bräu-Stüberl Mo–So 10–0 Uhr | **Tipp** Das Bierstacheln ist ein besonderer Silvesterbrauch, der im Brauhaus gepflegt wird. Eine glühend heiße Stahllanze wird ins ausgeschenkte Bier gesteckt und gibt ihm einen ganz besonderen süßen Geschmack.

25 Das Kehlsteinhaus

Eagle's Nest

Auf einem Nebengipfel des Hohen Gölls, in 1.820 Metern Höhe, steht das Kehlsteinhaus. Warum es unter dem Namen Eagle's Nest bekannt ist, leuchtet jedem ein, der es vom Tal aus gesehen hat. Wie an den Gipfel geklebt sieht es aus, umringt von senkrecht abstürzenden Felswänden, und man fragt sich, wie man bloß dort hinaufkommt.

Dabei geht es ganz einfach mit dem Bus nach oben, allerdings nur zwischen Mai und Oktober, abhängig von der Schnee- und Lawinenlage. Die Busfahrt dauert 15 Minuten, in denen man 700 Höhenmeter überwindet, fünf Tunnels passiert und eine beeindruckende Aussicht auf den Berchtesgadener Talkessel und die ihn umgebenden Gebirgsstöcke hat. Im Fahrpreis inkludiert ist die Fahrt im protzig überdimensionierten, mit polierten Messingplatten und venezianischen Spiegeln ausgekleideten Aufzug, der über einen drei Meter hohen Tunnel zu erreichen ist. Tunnel- und Aufzugstrecke sind beide genau 124 Meter lang, warum, ist nicht bekannt. Die Geschichte des Hauses dagegen schon.

1939 schenkte die NSDAP Adolf Hitler das Haus zu seinem 50. Geburtstag. In nur 13 Monaten wurde es einschließlich der Zufahrt im alpinen Gelände unter Hochdruck von Arbeitern aus Deutschland, der Tschechoslowakei und Italien errichtet. 30 Millionen Reichsmark soll es gekostet haben. Bekannt ist auch, dass Hitler sich aus Angst vor Luftangriffen oder Blitzschlägen nur selten dort oben aufgehalten hat.

Das Kehlsteinhaus hat die Bombardierung des Obersalzbergs im April 1945 schadlos überstanden. Es wurde gebaut als Symbol des nationalsozialistischen Größenwahns, der hier auch über die Natur triumphieren wollte. Geschichtliches Interesse oder das großartige Naturerlebnis in dieser exponierten Lage sind Motiv für jährlich 300.000 Besucher hierherzukommen. Das Haus selbst wird heute für die zahlreichen Tagesgäste als Berggaststätte betrieben.

Adresse Parkplatz Obersalzberg (Busabfahrt), Salzbergstraße 45, 83471 Berchtesgaden; www.kehlsteinhaus.de | **ÖPNV** Abfahrt Kehlsteinbusse ab Bahnhof Berchtesgaden oder Parkplatz Obersalzberg; RVO-Bus 849 | **Anfahrt** Bahnhof Berchtesgaden, Bahnhofstraße Richtung Salzburg, an der Ampel rechts der B 305 folgen, rechts über die Salzbergstraße auf den Obersalzberg, im Kreisverkehr 3. Ausfahrt, Parkplatz | **Öffnungszeiten** je nach Witterung Mai–Okt., 1. Bus-Bergfahrt 8.55 Uhr, letzte Talfahrt 16.50 Uhr | **Tipp** Fundierte Informationen zum »Führersperrgebiet« und dessen höchstgelegenem Bauwerk, dem Kehlsteinhaus, erhält man während einer Führung durch die Dokumentation am Obersalzberg.

26 Die Königliche Villa

Der Kini in Berchtesgaden

Die Berchtesgadener gedenken König Ludwig II., der in seiner Jugend oft in Berchtesgaden war, mit einer Marmortafel an der Stiftskirche.

Ob diese Zeit so glücklich war, kann man heute nicht mehr sagen. Zumindest ein paar unglückliche Tage müssen auch darunter gewesen sein, denn nach seiner Thronbesteigung kam er nicht ein einziges Mal zurück.

Als Kind hat Ludwig II. sich nicht im Berchtesgadener Königsschloss aufgehalten, weil dort sein Großvater Ludwig I. residierte. Dessen Sohn Max II. ließ deshalb 1852 eine eigene Sommerresidenz für sich und seine Familie errichten. Das war die Königliche Villa mit den darunterliegenden Hofstallungen am Berchtesgadener Luitpoldpark. Hier hielten sich auch Kronprinz Ludwig und sein jüngerer Bruder Otto in den Sommerferien auf. Im Heimatmuseum von Berchtesgaden ist ein Pferdefuhrwerk aus Holz ausgestellt, mit dem Ludwig spielte, als er noch nicht Kini, sondern einfach nur Kind war.

Die Villa, die für König Max II. und seine Familie erbaut worden war, wurde von seinem Sohn und Nachfolger Ludwig II. nicht mehr genutzt. Erst dessen Enkel Kronprinz Rupprecht, ältester Sohn von König Ludwig III., zog 1903 mit seiner Familie in die Villa ein und zog 1922 ins Königsschloss der Wittelsbacher am Berchtesgadener Schlossplatz um.

In der Folge zog eine Höhere Schule in die Villa ein, der Berchtesgadener Künstlerbund nutzte die Räume für Ausstellungen, und ein nobles »Kur-Café« sollte den Grundstein für ein erstes Berchtesgader Kurhaus bilden, dazu kam es jedoch damals nicht.

Heute ist die Königliche Villa ein denkmalgeschütztes, wenn auch vielfach um- und ausgebautes Wohnhaus, an dessen Geschichte im Inneren die große Haupttreppe, einige Malereien im Treppenaufgang und zum Teil im Original erhaltene Zimmer erinnern.

Adresse Kälbersteinstraße 4, 83471 Berchtesgaden | ÖPNV RVO-Bus 839, 841, Haltestelle Vier Jahreszeiten | Anfahrt Bahnhof Berchtesgaden, Bahnhofstraße Richtung Salzburg, an der Ampel links auf der Bahnhofstraße bleiben, weiter auf der Maximilianstraße, geradeaus auf Kälbersteinstraße | Öffnungszeiten in Privatbesitz | Tipp Wenn Sie der Kälbersteinstraße weiter den Hügel hinauf folgen, landen Sie am Ende bei den drei Sprungschanzen am Oberkälberstein. Die längste der drei Schanzen wurde bereits 1924 erbaut und ist jedes Jahr Station für den Sommer Grand Prix der Nordischen Kombination.

27 Das Königsschloss

Eine Zeitreise durch die Geschichte Berchtesgadens

Dass die Geschichte des Berchtesgadener Schlosses weiter als 200 Jahre zurückreicht, erkennt man sofort, wenn man vor der altrosa Fassade des Gebäudes steht, das sich mit zwei rechtwinklig aufeinandertreffenden Flügeln nahtlos in die fast vollständige Umbauung des Schlossplatzes einfügt.

Erbaut wurde es um 1105 von Augustiner-Chorherren, die es als Stift, also als Kloster nutzten. 1559 wurde Berchtesgaden ein Fürstentum mit einem kirchlichen Herrscher. Das Stift war bis Anfang des 19. Jahrhunderts Residenz der jeweiligen Fürstpröpste oder Landesherren, und ungefähr so lange wurde auch am Schloss weitergebaut.

Erst als Berchtesgaden 1810 bayerisch wurde, richteten sich die Wittelsbacher hier ihre Sommerresidenz ein. Max I., Ludwig I., Max II., Prinzregent Luitpold, Ludwig III. und Kronprinz Rupprecht residierten hier, wenn auch, mit Ausnahme des Letzteren, nur flüchtig. Heutiger Hausherr ist Franz Herzog von Bayern, für den es ein Nebenwohnsitz ist, den er bevorzugt zu den Salzburger Festspielen aufsucht.

Der Rundgang durch das Museum dauert nur etwa eine Stunde, und doch kommt er einem wie eine Zeitreise vom Mittelalter über die Renaissance bis ins 20. Jahrhundert vor. Auf gebohnerten Parkettböden durch die Privaträume der bayerischen Aristokratie zu tapsen, vorbei an prunkvoll gedeckten Tafeln, hier das Biedermeierzimmer der Comtesse von Soundso, dort das originale Arbeitszimmer des Kronprinzen Rupprecht mit seinen seidenbespannten Wänden, hier der Blick in ein noch genutztes Privatbad einer Königlichen Hoheit, dort die moderne Einbauküche. Im Schloss befinden sich auch viele bedeutende Kunstwerke wie zwei Altarbilder von Tilman Riemenscheider (um 1500), eine Madonna aus dem Umkreis von Veit Stoß, Gemälde aus der Schule von Lucas Cranach d. Ä. sowie von Malern der »Münchner Schule«.

Adresse Schloßplatz 2, 83471 Berchtesgaden; www.schloss-berchtesgaden.de | ÖPNV RVO-Bus 839, 841, Haltestelle Berchtesgaden Zentrum | Anfahrt Bahnhof Berchtesgaden, Bahnhofstraße Richtung Salzburg, an der Ampel links auf der Bahnhofstraße bleiben, weiter auf der Maximilianstraße, links Einfahrt ins Parkhaus | Öffnungszeiten Besichtigung nur mit Führung, stündlich 16. Mai–15. Okt. So–Fr 10–13 Uhr, 14–16 Uhr; 16. Okt.–15. Mai Mo–Fr nur 11 und 14 Uhr | Tipp In unmittelbarer Nähe zum Schloss befindet sich die sehenswerte Stiftskirche St. Peter und Johannes der Täufer, die ebenfalls Teil des Chorherrenstifts war und 1122 erbaut wurde.

28 Die Obersalzbergbahn

Gondelglück im Doppelpack

Ein bisschen erinnert sie ja an Minimundus oder Legoland, die kleine Bergbahn, die vom Markt Berchtesgaden hinauf auf den Obersalzberg fährt, und genau das macht ihren Charme aus.

Man könnte sie fast übersehen, so unscheinbar und doch selbstverständlich steht ihre Talstation am Ufer der Berchtesgadener Ache. Auch mit ihren 490 Höhenmetern, die sie über zwei Sektionen überwindet und so dem Wanderer etwas mehr als eine Stunde Aufstieg erspart, hat sie keinen Trumpf, mit dem sie im Zeitalter von Hightech-Seilbahnen und schnittigen 6er- und 8er-Jets in den angesagten Skigebieten wirklich beeindrucken könnte. Sind die Gondeln erst einmal ein bisschen nach oben geschwebt, bietet sie einen schönen Rundblick auf Berchtesgaden, fast ohne Lärm und auch ohne Eile – und eine Lektion in Sachen Entschleunigung. Diese Qualität sieht man dem nostalgischen Vergnügen schon vor dem Einstieg an.

Ursprünglich war die Obersalzbergbahn eine Art Testprojekt. Die Berchtesgadener wollten zur Förderung des Fremdenverkehrs eine große Seilbahn bauen. Zuerst auf den Watzmann, doch dieses Projekt wurde zur Erleichterung von Naturschützern und Bergsteigern bald verworfen, dann auf den Jenner. Aber die Gesellschaft hatte nicht genügend Geldmittel, sodass sie 1950 erst einmal die Bahn auf den Obersalzberg baute, bevor genügend Erfahrung und finanzielle Mittel vorhanden waren und 1952/53 die Jennerbahn gebaut werden konnte. So ist diese kleine Bahn zum großen Teil in Eigenleistung errichtet worden. Die Kabinen wurden selbst gebaut, und als Umkehrscheiben für das Zugseil dienen ehemalige Räder der Reichsbahn, die auch die Abspannseile für die neun Seilbahnstützen »spendete«.

In puncto Sicherheit übertrifft die Obersalzbergbahn die meisten anderen Verkehrsmittel bei Weitem: Sie ist unfallfrei. Und eine Fahrt mit ihr ist ein ganz besonders beschauliches Erlebnis, das man genießen sollte.

Adresse Bergwerkstraße 10, 83471 Berchtesgaden; www.obersalzbergbahn.de | ÖPNV RVO-Bus 836, 837, 838, 840, 848, Haltestelle Schießstättbrücke | Anfahrt Bahnhof Berchtesgaden, Bahnhofstraße Richtung Salzburg, an der Ampel rechts der B 305 folgen, Parkmöglichkeit an der Brücke Salzbergstraße | Öffnungszeiten 9–17 Uhr, jahreszeitliche und wetterbedingte Einschränkungen möglich, Infos unter Tel. 0160/8353990 | Tipp An der Bergstation gibt es eine Einkehrmöglichkeit am Hochlenzer, von dort startet auch die Sommerrodelbahn. Im Winter kann man mit dem Schlitten in der Gondelbahn auf den Obersalzberg fahren und auf der Naturrodelbahn 4 Kilometer bis ins Tal abfahren.

29 Das Purtschellerhaus

Treffpunkt für Grenzgänger

So wie den Königskindern, die nicht zueinanderkamen, ging es nach dem Krieg Liebespaaren entlang der bayerisch-österreichischen Grenze. Denn diese Grenze war dicht, und selbst für sie gab es keine Ausnahmeregelung. Kurzfristige Milderung für ihren Trennungsschmerz versprach das Purtschellerhaus, eine ganz besondere Alpenvereinshütte, die prominent in 1.692 Metern Höhe auf dem Eckerfirst, dem Ende eines dem Hohen Göll vorgelagerten Grates, liegt.

Die meisten Alpenvereinshütten haben gemeinsam, dass sie an besonders schönen Orten mit atemberaubender Fernsicht weit über dem Tal stehen, mitten in unberührter Natur, und erst nach schweißtreibendem, stundenlangem Aufstieg zu erreichen sind. Die ersten drei Attribute gelten auch für das am 22. Juli 1900 eingeweihte Purtschellerhaus. Den schweißtreibenden Aufstieg kann man aber seit 1955 mildern, wenn man über die Roßfeldpanoramastraße bis auf 1.560 Meter Höhe mit dem Auto hinauffährt. Dann verkürzt sich der Weg auf eine gut einstündige Bergwanderung, die man, wählt man die bayerische Wegvariante, auch noch zum Teil auf einer Holztreppe zurücklegt. Der Salzburger Weg ist etwas länger, dafür weniger steil.

Was hat es nun aber mit den Liebespaaren auf sich? Das Purtschellerhaus steht mit einem Teil auf deutschem, mit dem anderen auf österreichischem Gebiet. Die Staatsgrenze verläuft mitten durch das Haus, und so konnten sich die durch die Grenze getrennten Liebespaare in diesem Haus ganz legal treffen. Sogar eine Hochzeit fand dank dieser Besonderheit auf der Hütte statt.

Heute spielen die zwei Nationalitäten nur noch in puncto Essenszustellung auf die beiden Terrassen eine Rolle. Beim Bestellen des deftigen Hirschgulaschs oder der absolut empfehlenswerten Dampfnudeln muss die Wirtin nämlich wissen: »Hockt ihr in Bayern oder in Österreich?«

Adresse Purtschellerstraße 1, 83471 Berchtesgaden; www.purtschellerhaus.de | **Anfahrt** Bahnhof Berchtesgaden, Bahnhofstraße Richtung Salzburg, an der Ampel rechts der B 305 folgen, rechts über die Salzbergstraße auf den Obersalzberg, den Wegweisern Roßfeldhöhenstraße (mautpflichtig) folgen, Parkplatz Ahornkaser | **Öffnungszeiten** je nach Wetter Bewirtschaftung Mitte Mai – Ende Okt. | **Tipp** Ein Weiterwandern auf den Hohen Göll ist über Schustersteig oder Kamin oder über den Mannlgrat zum Kehlsteinhaus möglich. Alle drei Wege sind zum Teil seilversichert und nur für Geübte zu empfehlen.

30 Die Roßfeldpanoramastraße

Bergrallye für jedermann

Egal, ob man die Südauffahrt vom Obersalzberg über Ofnerboden, Enzianhütte und Ahornkaser nimmt oder die Nordauffahrt über Oberau, Gmerk und Pechhäusl zur Mautstelle Nord und von dort hinauf zum Hennenköpfl – es ist gehüpft wie gesprungen, und immer geht es einmal oben herum.

Die Scheitelstrecke verbindet beide Gipfel und liegt zum großen Teil auf österreichischem Staatsgebiet. Viel wichtiger aber ist der Rundumblick, den man sonst nirgends hat im Berchtesgadener Talkessel. Nach Osten hin öffnet sich die breite Salzachebene, nach Norden sieht man auf die Landeshauptstadt Salzburg, nach Süden hinüber zum Dachstein mit seinen Gletschern, im Westen liegt der sagenhafte Untersberg und südlich anschließend der Hohe Göll – mit imposanten 2.522 Metern einer der Giganten der Berchtesgadener Alpen. Meist bläst der Wind. Die Cabriofahrerinnen fühlen sich mit Seidenschal und Sonnenbrille wie Grace Kelly in Monaco und ihre Begleiter wie Cary Grant über den Dächern von Nizza.

Die Roßfeldpanoramastraße, auch Höhenringstraße, ist eine mautpflichtige Alpenstraße. Sie ist 16 Kilometer lang, und ihre maximale Steigung beträgt 13 Prozent. Für sportliche Radfahrer ist sie eine Herausforderung. Mit 1.560 Höhenmetern auf dem Scheitel ist sie die höchste durchgehende Straße Deutschlands und als Bundesprivatstraße ein verkehrstechnisches und rechtliches Kuriosum, weil sie unter bayerischer Verwaltung ist, aber zum Teil auf österreichischem Grund liegt. Sie ist ganzjährig geöffnet und im Winter geräumt, soweit es die Schneemassen erlauben.

Im Sommer kann man diverse Oldies beim Erklimmen der Höhenstraße beobachten: An einem Wochenende sind die Fiat Cinquecenti dran, am nächsten die Prinzen, BMW-Isettas und Karmann Ghias. Mit viel Glück kann man morgens oder in der Dämmerung auch den natürlichen Bewohnern dieser Höhen begegnen, etwa dem Birkhahn und seiner Frau. Alles schon vorgekommen.

Adresse Mautstation Nord, Roßfeldstraße 150, 83471 Berchtesgaden; www.rossfeldpanoramastrasse.de | **ÖPNV** RVO-Bus 848, Haltestelle Rossfeld Hennenköpfl (Bus fährt nur im Winter bis zum Hennenköpfl, im Sommer nur bis zur Mautstelle Nord) | **Anfahrt** Bahnhof Berchtesgaden, Bahnhofstraße Richtung Salzburg, an der Ampel rechts der B 305 folgen, rechts über die Salzbergstraße auf den Obersalzberg, den Wegweisern Roßfeldhöhenstraße (mautpflichtig) folgen | **Tipp** Es gibt einen Wanderweg vom Hennenköpfl hinauf zum Ahornbüchsenkopf (1.604 Meter) oder weiter zum Berggasthof Ahornkaser. Auch eine Bergwanderung hinauf zum Purtschellerhaus (1.692 Meter) ist von hier aus möglich. Im Winter ist auf dem Roßfeld Skibetrieb mit zwei Schleppliften und einer längeren Talabfahrt nach Oberau.

31 Das Salzbergwerk

Seit 500 Jahren unter Tage

Wenn es in den Sommermonaten mal einen Tag regnet, dann konzentrieren sich die Ströme der Berchtesgaden-Urlauber auf zwei Ziele: das Bergwerk und die Watzmanntherme.

An solchen Tagen herrscht manchmal Betrieb wie am Hauptbahnhof. Aber keine Angst, alles ist besucherfreundlich durchorganisiert und die Freizeitknappen werden optimal informiert, sodass keine langweilige Wartezeit entsteht und sie bis zur Bergwerkseinfahrt noch gemütlich Kaffee trinken, eine Kleinigkeit essen oder entlang der Ache spazieren gehen können.

Nach dem Einkleiden geht es in offenen Eisenbahnwagen in den Berg hinein, in den schon seit 500 Jahren Stollen getrieben werden, um im Inneren das begehrte Salz abzubauen. Tief unter Tage steigt man aus und rutscht auf zwei hölzernen Bergmannrutschen noch weiter hinunter. Sie sind ziemlich steil und bis zu 40 Meter lang, und manche Besucherin kann gar nicht mehr aufhören mit dem Kreischen, es ist ein bisschen wie auf der Achterbahn.

Man folgt dem Bergmann, der die Gruppe führt, durch aufgelassene Stollen und stellt sich vor, wie es in früheren Zeiten im Bergwerk zugegangen ist. Man spürt fast die Enge des Stollenvortriebs, hört das Schlagen des Bohrmeißels, riecht den Schweiß der Bergarbeiter. Der Abbau des Salzes erfolgt nass, durch das Einleiten von Frischwasser in die Kavernen. Das Wasser löst das Salz aus dem Stein, täglich etwa einen Zentimeter. Derzeit sind 30 Bohrspülwerke im Bergwerk aktiv. Die gewonnene Sole wird in die Bad Reichenhaller Saline gepumpt, wo sie zum bekannten Bad Reichenhaller Markensalz weiterverarbeitet wird.

Ein Highlight des Bergwerksbesuchs ist die Fahrt über einen unterirdischen See. Während das hölzerne Floß über die spiegelglatte Wasserfläche gleitet, wachsen Salzkristalle an den Wänden und am See. Eine von Peter Wolf komponierte, sphärisch anmutende Musik erklingt und andächtige Stille erfasst die Besucher.

Adresse Bergwerkstraße 83, 83471 Berchtesgaden; www.salzbergwerk.de | **ÖPNV** RVO-Bus 840, Haltestelle Salzbergwerk | **Anfahrt** Bahnhof Berchtesgaden, Bahnhofstraße Richtung Salzburg, an der Ampel rechts der B 305 folgen, nach dem Ortsende in die St2100 Richtung Bischofswiesen abbiegen, gleich links gebührenpflichtiger Parkplatz, Beschilderung folgen | **Öffnungszeiten** Mai–Okt. Mo–So 9–17 Uhr; Nov.–April Mo–So 11–15 Uhr; einstündige Führungen, mit Ein- und Ausfahrt, Umkleiden circa 2 Stunden einplanen, Tickets können auch online gebucht werden. | **Tipp** Man kann sich im Gasthaus Reichenbach im ehemaligen Maschinenhaus des Salzbergwerks stärken oder, ebenfalls in der Bergwerkstraße, in der Saunalandschaft der Watzmanntherme relaxen (www.watzmann-therme.de).

32 Der Salzheilstollen

Ganz entspannt im Hier und Jetzt

»Wer heilt, hat recht«, sagte angeblich Paracelsus. Und weil man diesen Grundsatz nicht leicht von der Hand weisen kann, berufen sich viele Befürworter der Heilstollentherapie (Speläotherapie), wie sie im Berchtesgadener Salzbergwerk angeboten wird, auf diese praktische Wahrheit.

Mit der Grubenbahn des benachbarten Schaubergwerks fährt man in den Berg ein. Nach 650 Metern Fahrt ist Endstation. Die letzten 150 Meter zum Heilstollen geht man zu Fuß. Maximal 50 Personen sind zur gleichen Zeit in der 850 Quadratmeter großen Kaverne. Gedämpftes Kerzenlicht, in der Mitte eine beleuchtete Solelagune, die von Ruheliegen aus Holz gesäumt ist. Gut vorstellbar, dass es die Alltagsprobleme, Hunderte Meter im Berg und abgeschirmt durch die dicken Salzschichten aus dem vor Millionen Jahren verdunsteten Urmeer, schwer haben, die hier Heilung Suchenden zu erreichen. Vielleicht ist das auch der wissenschaftlich noch nicht nachvollziehbare Grund für die hohen Heilungsquoten, die diese Therapie für sich verbucht. Über 70 Prozent der Patienten mit so verschiedenen Krankheitsbildern wie Asthma, Allergien, Depressionen oder Rheuma geben nach Abschluss der Therapie an, eine spürbare Verbesserung ihres Zustandes erfahren zu haben.

Aber nicht nur zu Therapiezwecken kann man hier einfahren. Egal, ob aus Neugierde oder weil man sich sphärisch anmutender Musik hingeben oder in vollkommener Ruhe mit sich allein sein möchte: Ohne Krankenschein und Verordnung kann man hier einen entspannenden Zweistundenaufenthalt buchen und einfach abschalten.

Man wird umsorgt, erhält eine warme Decke, und die Liegen verfügen am Fußende sogar über eine Heizung, denn die Luft ist hier ganzjährig nur zwölf Grad warm und hat eine Luftfeuchte von 85 Prozent. Zum Abschluss gibt es dann noch einen mit Solequellwasser veredelten Trunk, der zwar nicht jedem schmeckt, aber auf jeden Fall gesund sein soll.

Adresse Bergwerkstraße 85a, 83471 Berchtesgaden; www.salzheilstollen.com | ÖPNV RVO-Bus 840, Haltestelle Salzbergwerk | Anfahrt Bahnhof Berchtesgaden, Bahnhofstraße Richtung Salzburg, an der Ampel rechts der B 305 folgen, nach dem Ortsende in die St2100 Richtung Bischofswiesen, gleich links gebührenpflichtiger Parkplatz, Beschilderung folgen | Öffnungszeiten Mo–Fr 8.30–16 Uhr | Tipp Sondereinfahrten, Klangreisen, Obertonkonzerte und Nachteinfahrten werden im aktuellen Sonderprogramm auf der Website des Salzheilstollens angekündigt.

33 Die Scharitzkehl

Finis terrae

Die 1.035 Meter hoch gelegene Scharitzkehlalm leuchtet unwirklich grün aus dem Talkessel. Braun gefleckte Kühe bimmeln am Bach, der das Tal durchquert. Mittags liegt das Hochtal in der Sonne, ab und zu landet ein Bus und entlässt seine Passagiere zum Windbeutelessen in die Gaststätte. Im Norden schiebt sich der Kehlstein vor das Tal, oben thront das »Adlernest«, graubraun wie der Fels mit seinen Natursteinmauern, massiv wie ein Bunker. Man kann ganz klein, ganz weit oben, die Busse erkennen, die sich in Serpentinen die Kehlsteinstraße hinaufwinden bis zum Wendeplatz unterhalb des Hauses.

Es ist nicht gerade das Ende der Welt, das man auf der Scharitzkehl erreicht, aber einen Talschluss, das »Endstal«, von dem nur noch die zerklüfteten Westwände des Hohen Gölls aufragen. Das Endstal ist ein beeindruckendes Chaos aus Felsen und Geröll und meist bis in den Frühsommer hinein durchzogen von Altschneefeldern. Hier gibt es für Normalsterbliche kein Weiterkommen. Aufwärts geht es nur noch per Seil oder auf einem sehr steilen, ungesicherten Steig.

Wanderer nehmen den Forstweg von der Scharitzkehl hinauf Richtung Kehlstein, zur hübschen Ligeretalm, die man in Berchtesgaden nur als »Ligoascht« kennt. Von der Selbstversorgerhütte des Alpenvereins hat man einen phantastischen Blick über den Berchtesgadener Talkessel hinüber ins Steinerne Meer.

In der Dokumentation Obersalzberg gibt es ein historisches Foto von der Ligeretalm: Hemdsärmelige Männer sitzen auf Holzbänken vor der Alm, blinzeln in die Sonne. Es sind »Fremdarbeiter«, die die Straßen hinauf zum Kehlstein bauten, wie das Haus selbst und die Bunkeranlagen. Wer die Hintergründe nicht kennt, hält das Foto für einen Schnappschuss vom Vatertagsausflug.

Im Winter kommt man am besten mittags zum Spazierengehen oder Skilanglaufen auf die Scharitzkehl. Sie gehört zu den schneesichersten Loipen im Berchtesgadener Land.

Adresse Scharitzkehlstraße 10, 83471 Berchtesgaden; www.scharitzkehlalm.com | **ÖPNV** RVO-Bus 838, Haltestelle Scharitzkehl | **Anfahrt** Bahnhof Berchtesgaden, Bahnhofstraße Richtung Salzburg, an der Ampel rechts der B 305 folgen, rechts über Salzbergstraße auf den Obersalzberg, dort Richtung Graflhöhe, etwa 1 Kilometer der Straße folgen, links zur Alm abbiegen, Beschilderung folgen | **Öffnungszeiten** Die Scharitzkehlalm ist ganzjährig bewirtschaftet, Tel. 08652/2820. Der Aufstieg zum Kehlstein auf der Kehlsteinstraße ist nur außerhalb der Busfahrtzeiten (Mai–Okt. 9–17 Uhr) erlaubt. | **Tipp** In der Scharitzkehl kann man eine einfache, aber zweckmäßig ausgestattete Almhütte als Selbstversorgerhütte für maximal 13 Personen mieten. Auskünfte erteilt der Wirt der Scharitzkehlalm.

34_Das Sinkwerk XXI

Der Himmel schmeckt nach Salz

In jedem ist schon mal auf dem Weg zur Party der Gedanke aufgeblitzt: »Was, wenn ich mich doch für das falsche Outfit entschieden habe? Tragen die anderen auch Sakko und Krawatte? Bin ich mit Casual underdressed?«

Steht auf der Einladung »Sinkwerk XXI«, braucht man sich keine Gedanken mehr zu machen. Denn bevor es zur Location geht, heißt es, den ganz spezifischen Dresscode umzusetzen, in diesem Fall ein Outfit überzuziehen, das ein bisschen an den legendären Zhongshan-Anzug, in Deutschland besser als Mao-Anzug bekannt, erinnert. Jetzt noch den Helm auf den Kopf, schon kann man die Chefin nicht mehr vom Lehrling unterscheiden, und alle sind auf wundersame Weise gleich.

Nun geht es noch ein paar Meter weiter und dann auf die Grubenbahn, die 600 Meter in den Berg einfährt, bevor man die abgefahrenste Partylocation des Berchtesgadener Landes, das Sinkwerk XXI, erreicht. Sinkwerk, so nennt man die Kavernen, die im Salzbergbau entstehen, wenn das Salz mit Wasser aus dem Fels gelöst und dann zur Weiterverarbeitung abgepumpt wird. Das Sinkwerk XXI hat eine Fläche von 2.000 Quadratmetern und ist sieben Meter hoch. Die Decke wird in der Bergmannssprache Himmel genannt. Mit Finger und Zunge ließe sich feststellen, dass dieser Himmel ziemlich salzig schmeckt und auch sonst mit dem Himmel über Tag nicht viel gemein hat. Damit richtige Party- oder Loungestimmung aufkommt, kann das Sinkwerk farbig beleuchtet werden, und auch die Musik darf etwas lauter sein. Kein Nachbar wird sich beschweren. Im Stehen oder in ein Sitzkissen gefläzt, wird mit Absinth angestoßen, um auszudrücken, dass man sich von keinem Symbol der Dekadenz einschüchtern lässt. Jedermann kann das Sinkwerk buchen, sofern er Geld ausgeben mag, denn billig ist eine Veranstaltung hier nicht, dafür aber ziemlich einmalig. Und das Beste: Man muss sich wegen des Dresscodes keine Sorgen machen.

Adresse Bergwerkstraße 83, 83471 Berchtesgaden | **ÖPNV** RVO-Bus 840, Haltestelle Salzbergwerk | **Anfahrt** Bahnhof Berchtesgaden, Bahnhofstraße Richtung Salzburg, an der Ampel rechts der B 305 folgen, nach dem Ortsende in St2100 Richtung Bischofswiesen abbiegen, gleich links gebührenpflichtiger Parkplatz, Beschilderung folgen | **Tipp** Buchung: Ein- und Ausfahrt erfolgt vom Bergwerk Berchtesgaden (www.salzbergwerk.de).

35 Die Kneifelspitze

Eine Wiese voller Schusternägel

Wenn die Gipfel der Berge ringsum noch eingeschneit sind, Autos, die Richtung Königssee fahren, Skier auf dem Dach transportieren und sich Skifahrer die Märzsonne ins Gesicht brennen lassen, dann ist es Zeit, auf die Kneifelspitze zu wandern. Denn hier sind die Wege früher schneefrei, und auf Buckelwiesen und südexponierten Lichtungen gibt es Tausende Farbkleckse zu entdecken: rosa Seidlbast, Schneeglöckchen, Krokus, Leberblümchen und blauen Frühlingsenzian, wegen seiner Blütenform »Schusternagerl« (Schusternägel) genannt. Die Augen weit geöffnet, um keines der kleinen Kunstwerke zu übersehen, kann man relativ gemütlich zum Gipfel marschieren, der nur 1.188 Meter hoch und nur drei Kilometer vom Ortskern von Berchtesgaden entfernt ist. Auch wenn es am Ende steiler bergauf geht, hat man nach eineinhalb Stunden den Gipfel erreicht, auf dem die bewirtschaftete Paulshütte steht.

Trotz seiner geringen Höhe ragt der Gipfel an manchen Tagen aus den Wolken, obwohl das Tal noch im dichten Nebel liegt. Während der Eiszeit war die Kneifelspitze ein sogenannter Nunatak, ein aus dem Eis ragender Berg. Bei schönem Wetter ist sie ein ausgesprochener Aussichtsberg über den Talkessel und die Gebirgsstöcke, die ihn einrahmen. Im Osten der Hohe Göll, das Hohe Brett, Jenner, Watzmann, Hochkalter, Reiteralm, Lattengebirge, wie auf einem Rundpanorama, nur gewaltiger und eindringlicher, dazu einen heißen Kaffee oder Jagertee und das Gesicht zur Sonne gewandt. Geht man noch ein paar Schritte von der Hütte Richtung Nordosten, so hat man noch einen atemberaubenden Ausblick auf den Untersberg mit seinen beiden Gipfeln, das Tal der Berchtesgadener Ache, und ganz im Norden sieht man die Festung Hohensalzburg und die ihr zu Füßen liegende Mozartstadt.

Dort kommt aus dem Wald ein kleiner Steig, den man für den Abstieg hinunter nach Hintergern wählen kann, oder alternativ auch für den etwas weniger frequentierten Aufstieg.

Adresse Kneifelspitzweg, 83471 Berchtesgaden-Maria Gern; www.kneifelspitze-berchtesgaden.de | **ÖPNV** RVO-Bus 837, Haltestelle Maria Gern | **Anfahrt** Bahnhof Berchtesgaden, Bahnhofstraße Richtung Salzburg, an der Ampel rechts der B 305 folgen, nach dem Ortsende in St2100 Richtung Bischofswiesen, nach Ortsende rechts auf Gerner Straße, Parkplatz unterhalb der Kirche am Klammweg | **Tipp** Werfen Sie unbedingt einen Blick in die Wallfahrtskirche Maria Gern. Das Gnadenbild, eine Madonna mit Kind, wird im Laufe des Kirchenjahres mit verschiedenen prächtigen Barockgewändern bekleidet.

36 Der Priesterstein

Heimliche Andacht unterm Fels

Von weiter weg ist er nichts als ein großer Felsblock. Ein Geotop aus Hallstätter Kalk, auf 840 Metern Höhe über der Ortschaft Oberau gelegen. Geht man um den Felsen herum, entdeckt man an seiner Südseite einen Überhang, unter dem heute die Boulderer ihre Matten aufschlagen und sich im Klettern ohne technische Hilfsmittel versuchen. Man erkennt sie an ihrem Bizeps und den kräftigen Unterarmen. Im 17. und 18. Jahrhundert bot dieser Felsblock verfolgten Protestanten Schutz. Der Priesterstein war einer ihrer sonntäglichen Andachtsorte. Hier versammelten sie sich, um gemeinsam Gottesdienste zu feiern.

Sächsische Bergleute hatten unter den Bergknappen von Oberau und Dürrnberg auf der österreichischen Seite schon im 16. Jahrhundert protestantische Schriften verteilt. Man diskriminierte sie und verweigerte ihnen das im Augsburger Religionsfrieden zugesicherte Recht auszuwandern. Stattdessen kam es 1733 zur Vertreibung. Man beschlagnahmte ihr Vermögen, nahm ihnen ihre Kinder weg und brachte sie zur Umerziehung in katholische Familien. Etwa 600 Kinder mussten die Emigranten aus Dürrnberg, Au, Ettenberg und Gern zurücklassen. »Ich bin ein armer Exulant, / also muss ich mich schreiben. / Man tut mich aus dem Vaterland / um Gottes Wort vertreiben«, dichtete ihr Anführer Joseph Schaitberger.

700 bis 1000 hoch qualifizierte Bergarbeiter wurden so von Hallein auf der Salzach verschifft und bis Regensburg gebracht. Von dort ging es nach Nürnberg, Sachsen oder Hannover, Einzelne kamen bis Amerika. Ein Zeugnis ihrer Vertreibung ist das Deckengemälde in der Ramsauer Kirche Maria Kunterweg.

In Berchtesgaden wurde bis ins 20. Jahrhundert hinein noch von den »lutherischen Auern« gesprochen, gemeint waren die Nachfahren der Kinder von Vertriebenen wie Joseph Schaitberger, der die Zurückgelassenen in seinen Briefen flehentlich bat, auf jeden Fall dem evangelischen Glauben treu zu bleiben.

Adresse Am Priesterstein, 83471 Berchtesgaden-Oberau | ÖPNV RVO-Bus 848, Haltestelle Zinkenwirt Gmerk, von dort Abstieg über den Weißensteiner Weg | Anfahrt Bahnhof Berchtesgaden, Bahnhofstraße Richtung Salzburg, an der Ampel rechts der B 305 folgen, Unterau rechts Auer Straße, in Oberau von der Roßfeldstraße in Mühlauer Freie und links auf den Weißensteiner Weg einbiegen, Beschilderung »Am Priesterstein/Hotel Denninglehen« folgen | Tipp Auf der Sonnenterrasse oder vom Biergarten des Alten Wirts in Oberau hat man einen phantastischen Bergblick. Man kann auch ein Stück auf dem »Auer Konventionsweg« spazieren gehen. Er ist mit den gekreuzten Hämmern (Schlägel & Eisen) der Bergmänner markiert, Infomationen dazu in der Tourist-Information Oberau, Rossfeldstraße 22.

37 Das Adler- und Murmeltiergehege

Zu Gast bei den Filmstars

Wer ist nun der größte unter den auf kleinem Raum zusammenlebenden Stars des Geheges am Hintereck: der 70-jährige Gänsegeier, der schon im Film »Die Geierwalli« von 1956 mitspielte und heute betagt, aber immer noch stattlich in seinem Holzverschlag lebt? Oder doch der imposante Steinadler, der gleich hinter dem Eingangsgatter der Anlage auf einem Baumstamm sitzt und den eintretenden Besucher scharfen Auges fixiert? Man hält unwillkürlich die Luft an und atmet erst auf, wenn man das Seil an seinem Fuß bemerkt und rasch im Kopf überschlägt, dass es wohl nicht bis zum Besucherweg reichen wird. Für diesen kurzen Moment sieht man den kräftigen gelben Hackschnabel und die starken Greiffüße mit den Augen des Beutetiers, und man kann für ein paar Schrecksekunden ahnen, wie es ist, von diesem Luftkönig gepackt zu werden und in seinen Fängen unfreiwillig das Fliegen zu lernen.

Die anderen Stars sind: ein imposanter Uhu, Meister der Lautlosigkeit auch im Kopfdrehen und Standortwechseln im Gehege; ein wertvoller Gerfalke, der schnellste aller Jäger, der unter Kennern Spitzenpreise erzielt; der Weißkopfadler, der vor Kurzem bei Filmaufnahmen in das Seil eines Skilifts geriet und dabei ums Leben kam, oder doch das putzige Murmeltier, der Hansi, der gern auch mal stiften geht und daran durch keine Fußfessel gehindert wird. Wenn er von seinen Streifzügen zurückkehrt, lässt er sich von Kindern füttern und posiert Männchen machend vor den Kameras.

Nur wenn die großen Greifvögel Freiflug haben, taucht Hansi ab in den sicheren Bau. Und Flugstunden gibt es täglich, wie Adlervater Wolfgang Czech, würzigen Pfeifenduft um sich verbreitend, informiert. Ein Adlerhorst für »Tierarzt Dr. Engel«, ein Falkenflug für »Forsthaus Falkenau«, ein Murmeltier für eine Ganghofer-Verfilmung: Dafür ist das Adlergehege am Hintereck die erste Adresse.

Adresse Hintereck 9, 83471 Berchtesgaden-Obersalzberg, adlergehege-berchtesgaden.de | **ÖPNV** RVO-Bus 838, Haltestelle Kempinski Hotel | **Anfahrt** Bahnhof Berchtesgaden, Bahnhofstraße Richtung Salzburg, an der Ampel rechts der B 305 folgen, rechts über Salzbergstraße auf den Obersalzberg, Beschilderung zum Hotel Kempinski folgen, Parkplatz unterhalb des Hotel Kempinski; Fußweg von der Dokumentation Obersalzberg und der Abfahrtstelle der Kehlsteinbusse | **Öffnungszeiten** im Sommer täglich von 13.30 – 17 Uhr, Tel. 08652/4172 | **Tipp** Unterhalb des Hotel Kempinski befindet sich der von den Amerikanern nach dem Krieg angelegte Golfplatz Obersalzberg (9-Loch-Anlage) mit Golf-Restaurant im ehemaligen »Gutshof« aus der NS-Zeit.

38 Der Carl-von-Linde-Weg

Ein Wissenschaftler baut sich einen Höhenweg

Carl Ritter von Linde, Ingenieur und Erfinder der Kühltechnik, erfolgreicher Unternehmer und Gründer der Linde AG, und seine zahlreichen Nachkommen gehörten zu den vermögenden Sommerfrischlern, die Ende des 19., Anfang des 20. Jahrhunderts Häuser auf dem Obersalzberg kauften oder neu bauten und dort mit der Familie die Sommermonate verbrachten. Der mondäne Urlaubsort hatte auch schon so berühmte Gäste wie Clara Schumann und Johannes Brahms gesehen. Auch die Familie Arthur Eichengrüns, der für Bayer das Aspirin entwickelte, hatte hier ein Haus.

Der Idylle der Adeligen, Industriellen, Reichen und Schönen setzten die Nationalsozialisten ein Ende. Reichskanzler Adolf Hitler erwarb 1933 das Haus Wachenfeld, und in der Folge wurde der Obersalzberg zum »Führersperrgebiet« ausgebaut. Einheimische wie Zugereiste sahen sich gezwungen, ihre Grundstücke zu verkaufen. Ihre Häuser wurden abgerissen. Familie Linde wich auf ein Haus am Untersalzberg, das Schiedköpfl, aus, das sich heute noch im Familienbesitz befindet.

Stammvater Carl von Linde hat in Berchtesgaden nicht nur den Bau der evangelischen Christuskirche maßgeblich gefördert und finanziell gestützt. Er hat sich auch einen Spazierweg auf eigene Kosten anlegen lassen. Dieser wurde 2008 neu beschildert, instand gesetzt und auf 5,4 Kilometer verlängert. Heute führt er von der Salzbergstraße in Höhe der Dokumentation Obersalzberg hinüber zum Hochlenzer – Endstation der Obersalzbergbahn – und weiter über die Graflhöhe bis zur Scharitzkehl, einem Hochtal am Fuße des Hohen Gölls.

Der Carl-von-Linde-Weg auf etwa 1.000 Metern Meereshöhe bietet kaum Steigungen, dafür herrliche Ausblicke auf die Berge und den Berchtesgadener Talkessel. An seinem Anfang steht ein Naturdenkmal, die »Antenberglinde« mit neun Metern Stammumfang. Eine Porträttafel erinnert an den edlen Spender und Namensgeber.

Adresse Wanderparkplatz Salzbergstraße 41, 83471 Berchtesgaden-Obersalzberg | **ÖPNV** RVO-Bus 838, Haltestelle Dokumentation Obersalzberg | **Anfahrt** Bahnhof Berchtesgaden, Bahnhofstraße Richtung Salzburg, an der Ampel rechts der B 305 folgen, rechts über Salzbergstraße auf den Obersalzberg, Parkplatz und Startpunkt kurz unterhalb der Dokumentation Obersalzberg | **Tipp** Man kann das Auto auch in Berchtesgaden stehen lassen, mit der Obersalzbergbahn zum Hochlenzer hinauffahren und von dort aus auf dem Linde-Weg weiterwandern. Ein kulinarischer Stopp kann auf der Sonnenterrasse des »Windbeutelbarons« auf der Graflhöhe eingelegt werden.

39 Die Dokumentation Obersalzberg

Zeitgeschichte am historischen Ort

54 Jahre hat es gedauert, bis am Obersalzberg ein Ort für die historische Aufarbeitung der Zeit des Nationalsozialismus entstehen konnte. Neun Jahre war der Obersalzberg »Führersperrgebiet«, am 25. April 1945 wurde er von britischen Jagdbombern in Schutt und Asche gelegt. Die Ruinen und übrig gebliebenen Gebäude wurden in den 1950er Jahren gesprengt. Die Amerikaner richteten eine Recreation Area für ihre Soldaten im ehemaligen Hotel Platterhof ein und tauften es in »Hotel General Walker« um. Sie installierten hinter Bormanns Gutshof Skilifte und legten einen Golfplatz an.

Erst 1996, als die Amerikaner den Obersalzberg an den Freistaat Bayern übergaben, wurde ein Konzept zu seiner Nutzung erarbeitet. 1999 schließlich, ebenjene 54 Jahre nach Kriegsende, öffnete die Dokumentation Obersalzberg ihre Pforte, verwaltet von der Berchtesgadener Landesstiftung und unter der wissenschaftlichen Leitung des Instituts für Zeitgeschichte München-Berlin. Untergebracht ist sie im ehemaligen Gästehaus Hoher Göll, von dem noch Fassade und Grundriss erkennbar sind. Ausgelegt war das Gebäude auf 30.000 Besucher jährlich, doch man hatte das Interesse unterschätzt. Inzwischen besuchen etwa 150.000 Menschen jährlich die Dokumentation, und man denkt über eine konzeptionelle und räumliche Weiterentwicklung nach.

Die Dokumentation zeigt die Rolle des Obersalzbergs im »Dritten Reich« und gibt einen Überblick über die Zeit des Nationalsozialismus und die bestimmenden Elemente des Regimes. Führer, Volksgemeinschaft, Terrorapparat, Rassenpolitik, Holocaust, aber auch Widerstand und Weltkrieg werden hier dargestellt.

Das Institut für Zeitgeschichte entwickelt neue Konzepte der Erweiterung und Einbeziehung von Orten außerhalb der Dokumentation. Wechselnde Sonderausstellungen erweitern das Spektrum.

Adresse Salzbergstraße 41, 83471 Berchtesgaden-Obersalzberg; www.obersalzberg.de | **ÖPNV** RVO-Bus 838, Haltestelle Dokumentation Obersalzberg | **Anfahrt** Bahnhof Berchtesgaden, Bahnhofstraße Richtung Salzburg, an der Ampel rechts der B 305 folgen, rechts über Salzbergstraße auf den Obersalzberg, links von der Salzbergstraße auf den Parkplatz zur Dokumentation, Beschilderung folgen | **Öffnungszeiten** April–Okt. Mo–So 9–17 Uhr; Nov.–März Di–So 10–15 Uhr, Verleih von Audio-Guides an der Kasse, öffentliche Führungen ohne Voranmeldung | **Tipp** Einkehren kann man am Obersalzberg in der historischen Berggaststätte über der Dokumentation. Es handelt sich bei dem Bau um die ehemalige Kongress- oder Terrassenhalle des Hotels Platterhof, das die Amerikaner bis 1996 als Hotel nutzten. Bei den Amerikanern hieß die heutige Berggaststätte »Skyline Room«.

40 Das Hotel Kempinski

Die Auster am Obersalzberg

Das Kempinski Berchtesgaden, ein Fünf-Sterne-Superior-Hotel, wurde 2005 als InterContinental Berchtesgaden Resort eröffnet. Wie eine Auster liegt es dort oben auf einem Hügel des Obersalzbergs, in seinem Rücken das Massiv des Hohen Gölls. Man sieht den in zwei Spangen ein Hufeisen bildenden modernen Bau aus vielen Blickwinkeln des Talkessels. Dort oben thront er, ohne protzig zu wirken. Eher wie ein Schmuckstück, eingebettet in das Dekolleté einer schönen Frau.

Volkstümlich ist am Kempinski eigentlich nichts: Architektur, Ausstattung, Gastronomie, Personal bis hin zu den Übernachtungspreisen. Das war der Plan. Das Hotel ist neben der historischen Aufarbeitung die zweite Säule des Konzepts zur Nutzung des Obersalzbergs. Es schließt an dessen touristische Nutzung vor 1933 an. Den Grundstein legte eine Frau, Mauritia Mayer, Ende des 19. Jahrhunderts mit ihrer »Pension Moritz«, in der illustre Gäste wie die Pianistin Clara Schumann, der Schriftsteller Ludwig Ganghofer oder der Künstler Gerhard Marcks logierten. Industriellenfamilien verbrachten hier die Sommermonate in eigenen Häusern, der Obersalzberg war ein mondäner Luftkurort für Betuchte.

Kein Massentourismus und schon gar keine ewig gestrigen Gäste am Obersalzberg, dieses Konzept ist aufgegangen. Edel, aber nicht pompös, scheint die Devise des Hauses zu sein. Und so kommt es vor, dass ein Wirtschaftsmagnat gerade einen Helikopter verlässt, der vor dem Hotel gelandet ist, während ein verliebtes Paar, Berchtesgadener Tagestouristen, auf der Terrasse das atemberaubende Bergpanorama bei einer Tasse Kaffee genießt.

Freuen wir uns also über den Luxus einer harmonischen, klaren Architektur, eines makellosen Services, eines Mountain-Spa, das seinem Namen Ehre macht, und eine offene Kaminlounge, in der sich auch weniger Wohlhabende an Spitzenkaffee und Zitronentorte samt grandiosem Bergblick laben können.

Adresse Hintereck 1, 83471 Berchtesgaden-Obersalzberg; www.kempinski.com/de/berchtesgaden | **ÖPNV** RVO-Bus 838, Haltestelle Kempinski Hotel | **Anfahrt** Bahnhof Berchtesgaden, Bahnhofstraße Richtung Salzburg, an der Ampel rechts der B 305 folgen, rechts über Salzbergstraße auf den Obersalzberg, Beschilderung folgen | **Tipp** Im Sterne-Restaurant »Le Ciel« im Kempinski kocht der Schwarzwälder Chefkoch Ulrich Heimann, ausgezeichnet mit einem Michelin-Stern, moderne französische Küche in exklusivem Ambiente.

41 Die Enzianbrennerei Grassl

Nicht nur blau blüht der Enzian

Die Enzianbrennerei Grassl in Unterau erkennt man an den vielen Reisebussen auf dem Parkplatz. Karawanen von Busreisenden werden dort in die Geheimnisse der Enzianbrennerei eingeführt und anschließend durch die Verkaufsräume geschleust. Bepackt mit flüssigen Mitbringseln wird noch schnell ein Foto von der im Gebirge ab- und hier originalgetreu wieder aufgebauten Brennhütte gemacht, und dann geht's zufrieden zurück zum Bus.

Der Enzian, der in der modernen Brennanlage im Tal zu Schnaps gebrannt wird, stammt aus Anbauflächen im Voralpenland. Oben aber, in der Priesberghütte über dem Königssee, wird der Enzian noch genauso gebrannt wie vor Hunderten von Jahren. Die Brennblase in der Hütte wird mit Holz befeuert, das Kühlwasser wird zum Duschen, Heizen und Einmaischen verwendet. Ihr Brennrecht besitzt die Familie Grassl bereits seit 1602. Das Brennholz muss nach alten Verträgen der Staat zur Verfügung stellen.

Gebrannt wird übrigens nicht der bekannte blaue Enzian, der mit seinen Glockenblüten auch die Grassl-Flaschen ziert, sondern die Wurzeln des Gelben, des Roten und des Pannonischen Enzians. Sie alle findet man auf den Almwiesen südlich des Jenners. Ausgegraben werden sie im sechs- bis siebenjährigen Rhythmus. Die Arbeitsschritte beim Brennen sind heute wie früher dieselben: Erst wird Holz gespalten, dann werden die Enzianwurzeln mit einem Beil zerhackt und in warmem Quellwasser eingemaischt, bis sie in zehn Tagen bei 30 Grad Celsius ihren Zucker vergären. Dann folgt der erste oder Raubrand, um den Alkohol zu erhalten.

Erst nach dem Feinbrand läuft der Schnaps klar aus der Brennblase. Seine endgültige Farbe, Reife und Geschmack erhält er erst durch jahrelanges Lagern in Eschenholzfässern. Getrunken wird er gut gekühlt.

Wer übrigens kein Enzian-Fan ist, sollte andere Sorten probieren, zum Beispiel den Williams-Christ-Birnenbrand. Sehr fein!

Adresse Salzburger Straße 105, 83471 Berchtesgaden-Unterau; www.grassl.com | ÖPNV RVO-Bus 840, Haltestelle Unterau | Anfahrt Bahnhof Berchtesgaden, Bahnhofstraße Richtung Salzburg, an der Ampel rechts der B 305 folgen, im Ortsteil Unterau Besucherparkplatz direkt an der B 305 | Öffnungszeiten Mai–Okt. Mo–Fr 9–18 Uhr, Sa 9–16 Uhr; Nov.–April Mo–Fr 9–17 Uhr, Sa 9–12 Uhr | Tipp Wer die Brennhütte auf der Priesbergalm und den Bergbrenner besuchen möchte, steigt vom Parkplatz Hinterbrand oder der Mittelstation der Jennerbahn in etwa eineinhalb bis zwei Stunden auf einem breiten Almweg auf.

42 Das Aschauer Weiherbad

Baden mit Watzmannblick

Im sanften Licht der Morgensonne treffen die Rentner, Hausfrauen, einzelne Urlauber und versprengte Freiberufler ein und genießen die Ruhe und den herrlichen Watzmannblick vom Aschauer Weiherbad aus. Die erhabene Aussicht lässt einen fast selbst wachsen, und man fühlt sich privilegiert, hier im Wasser seine Runden zu drehen oder auf den hölzernen Liegeflächen zu relaxen, während die anderen in der Schule und bei der Arbeit vor sich hin schwitzen. Erst vor Kurzem berichtete das SZ-Magazin über dieses Naturbad mit dem nostalgischen Holzuhrenturm und der königlichen Aussicht als einem der schönsten Bäder in Deutschland. Aufgenommen waren die Bilder dazu in den frühen Morgen- oder späten Abendstunden. Denn ab Mittag ist es mit der Ruhe, zumindest an warmen Sommertagen, vorbei. Dann kommen die Kinder und erobern die Pirateninsel, und die Jugendlichen scharen sich auf den Holzterrassen oder der Liegewiese, immer alle zusammen, und präsentieren ihre glatte Haut der Sonne und der Peergroup.

Beim Wirt werden Getränke und Imbisse geholt, man kann es den ganzen Nachmittag hier aushalten, obwohl der Badesee nur ein Weiher ist und die Wasserqualität im Laufe des Tages und mit der Zahl der Besucher nicht unbedingt zunimmt. Aus dem wohligen Gefühl des Müßiggangs wird man spätestens um 18.45 Uhr per Lautsprecher gerissen: »Wir schließen pünktlich um 19 Uhr«, damit auch ja keiner meine, das süße Nichtstun habe gar kein Ende.

Seit 1880 gibt es das Freibad Aschauer Weiher schon. 2002 wurde es komplett saniert und in ein Naturbad umgestaltet. Von seinen 8.000 Quadratmetern entfällt die eine Hälfte auf den Bade-, die andere auf den Regenerationsbereich. Das Wasser wird ohne Chemikalien, nur über Wasserpflanzen, Plankton und die Umwälzung des Teichwassers über ein externes Pflanzenfilterbecken gereinigt. Und für die Erwärmung des Wassers braucht es auch nichts als die Sonne.

Adresse Aschauerweiherstraße 85, 83483 Bischofswiesen | **ÖPNV** RVO-Bus 834, Haltestelle Naturbad Aschauerweiher | **Anfahrt** Bahnhof Berchtesgaden, Bahnhofstraße Richtung Salzburg, an der Ampel rechts der B 305 folgen, nach dem Ortsende in St2100 Richtung Bischofswiesen, Parkplatz zum Naturbad rechts der Straße | **Öffnungszeiten** Mitte Mai – Mitte Sept. 8.30 – 19 Uhr, bei Schlechtwetter nur bis 11 Uhr | **Tipp** Gleich neben dem Aschauerweiher gibt es einen sehr schönen Märchenwaldpfad (2,5 Kilometer Rundweg) mit handgeschnitzten Märchenfiguren für große und kleine Kinder. Bequeme Schuhe nicht vergessen, denn es handelt sich um einen Waldweg.

43 Die Steinerne Agnes

Phantom mit Hut

Mit der Agnes ist es wie mit der Pyramide von Gizeh oder dem Taj Mahal: Man hat sie schon tausendmal auf Fotos gesehen. Soll man sich das überhaupt antun, da selbst noch hinaufzukeuchen? Wahrscheinlich ist es so wie mit der Schlafenden Hexe. Von Norden, von Süden liegt sie da, präsentiert ihre markante Felssilhouette: Kopf, Hakennase, dann die spektakuläre junge Brust. Aber wenn man auf den Rotofensattel hinaufsteigt, sieht man nichts mehr von ihr, nur amorphen Fels.

Ganz anders die Agnes. Man ist doch überrascht, wenn man nach fast zwei Stunden Aufstieg auf 1.400 Meter Höhe mit ihr zusammentrifft: Eine dicke Felsnadel, im bröslígen Lattengebirge stehen geblieben und verwittert, gelblich schimmernd sticht sie wie ein Leuchtturm aus dem Wald heraus. Man muss ganz hinaufklettern, um die Sennerin oben auf der Spitze des Felsens zu erkennen. Ja, richtig, da ist sie endlich: die Frau mit dem dünnen Hals und dem Hut mit breiter Krempe, das Gesicht nach oben gereckt, Kinn, kräftiges Riechorgan, runde Stirn – eine Figur wie aus dem Bauerntheater. Und ein Bonsai wächst ihr auch noch aus Dekolleté oder Schulter.

Agnes, Agnes, was hast du angestellt, dass du so versteinert wurdest? Ehebruch? Warst du eine Frau, die sich vom Teufel verführen ließ, ihr unehelich geborenes Kind zu töten? Eine, die auf der Flucht vor dem Teufel, um ihre Unschuld zu retten, in Stein verwandelt wurde? Keine der Legenden ist so richtig überzeugend für uns heutige, eher ungläubige Zeitgenossen. Rübersteigen, um sich das Ganze näher anzusehen, sollte man nicht, denn sie ist sowieso schon arg verwittert. Ginge ohne Seilkraxelei auch gar nicht. So steigen wir lieber wieder ab und machen Brotzeit im »besoffenen Wald«, dessen Stämme knapp über dem Boden Schluckauf bekommen und sich zur Seite gelegt haben. Wo aber bleibt der Märchenprinz, der die Agnes wachküsst?

Adresse Wanderparkplatz Reichenhaller Straße 116, 83483 Bischofswiesen | ÖPNV RVO-Bus 841, Haltestelle Winkl Zollhäuser | Anfahrt B 20, von Bischofswiesen nach Bad Reichenhall, 150 Meter vor Hallthurm links auf den Wanderparkplatz biegen, Beschilderung folgen | Tipp Ein schöner Rundweg führt vom Parkplatz hinauf zur Steinernen Agnes und weiter zur Schlafenden Hexe, von wo man absteigen und auf dem Maximiliansreitweg im Tal zum Parkplatz zurückwandern kann. Er umfasst circa fünf Stunden Gehzeit, ist unschwer, aber zum Teil steil. Da keine bewirtschafteten Hütten auf dem Weg liegen, unbedingt genügend Wasser mitnehmen.

44 Die Trockenen Klammen

Vom Tigerfelsen zur Franzosenkluft

Eine Klamm ganz ohne Zutun von Wasser, wie geht das? Durch das Einwirken der Gletscher, die am Ende der letzten Eiszeit, vor über 10.000 Jahren, das Gestein so lange pressten und zerrieben, bis es barst und auseinanderriss. Einmalig in den Ostalpen, kann man dieses Phänomen wenige Kilometer südlich von Salzburg, in Elsbethen, bestaunen. Ein Felslabyrinth mit tiefen Gräben, Nischen, Spalten und Durchschlüpfsteinen findet man hier, das besonders für Kinder ein Abenteuer ist.

Am Anfang des Weges steht der Archstein, ein mächtiger Kalkblock, der aus den Klammen abgebrochen ist oder von den Gletschern hinuntergewälzt wurde. Heute ein ausgewiesenes Naturdenkmal, aber mit drei Seiten an einen Bauernhof grenzend und nicht öffentlich zugänglich. Urzeitlich aussehende Rinder haben darunter ihre Offenstallungen. Dann ein steiler Anstieg durch den Wald, und man kommt zu den ersten Felstrümmern, die sich übereinandertürmen. Fichtenwurzeln überwachsen wie Krakenarme die hellen Steinbrocken, Farne haben sich in den Felsspalten angesiedelt. Es gibt eine Beschilderung mit Infotafeln, und doch hat man immer wieder das Gefühl, sich im Kreis zu bewegen oder vom Weg abgekommen zu sein. Es ist ein echtes Abenteuer, die gelben Markierungspunkte auf den Bäumen zu entdecken und sich für den richtigen Pfad zu entscheiden. Ein Stück abseits der Wege tun sich Felsspalten auf, die 30 bis 40 Zentimeter breit und von denen einige bis zu 20 Meter tief sind. Ihr Boden ist bedeckt mit Laub und Farnen. In manchen Spalten liegt das ganze Jahr über Schnee und sie können für Wildtiere zur Falle werden. Wenn Sie mit kleineren Kindern unterwegs sind, bitte Vorsicht! Einige der Felsbrocken und Spalten sind so imposant, dass man ihnen Namen gegeben hat: zum Beispiel dem Tigerfelsen oder der Franzosenkluft, die von der örtlichen Bevölkerung während des Ansturms der napoleonischen Truppen vorübergehend als Rückzugsort benutzt wurde.

Adresse Stadlerweg 29a, A-5061 Elsbethen-Zieglau | **Anfahrt** von Salzburger Alpenstraße auf Hellbrunner Straße Richtung Elsbethen, dort im Kreisverkehr auf Halleiner Landesstraße (L 105), links auf Stadlerweg, Parkplatz oben an der Brücke nutzen, wenige Parkmöglichkeiten am Ende des Wegs | **Tipp** Im Salzburger Süden bietet sich – auf der anderen Salzachseite – ein Besuch im Schlosspark Hellbrunn, im Hellbrunner Zoo oder, je nach Jahreszeit, im idyllischen Waldbad Anif an.

45 Die Lokwelt

Wo sich die Welt um Lokomotiven dreht

Ganz klar, Eisenbahn ist Männersache. – Nichts ist mehr klar, wenn man in der Lokwelt Freilassing beobachtet, wie sich Frauen plötzlich für Lokomotiven interessieren. Farben und Form, Funktion und Prinzip der Eisenbahnen, alles wollen sie wissen und Vorurteile, die der Menschheit von Physiklehrern eingetrichtert wurden, bitte aus dem fahrenden Zug werfen. Interessant und gleichzeitig ästhetisch ansprechend, diesem Ziel sind die Ausstellungsmacher recht nahegekommen. Egal, ob man das Funktionsprinzip der Dampflok studieren oder sich nur in die Zeit der schönen alten Lokomotiven träumen will, hier kann es gelingen. Neben der auffälligen knallgelben Wendelsteinbahn wollen auch die anderen historischen E-, Diesel- und Dampfloks oder die Lok der österreichischen Schafbergbahn gesehen werden.

Fühlen, tasten, hören und richtige Bahnuniformen anprobieren und mit allen Sinnen erfahren kann man nebenan im Kindermuseum »Kleine Lokwelt«. Hier kann auch die bequeme erste und die harte Holzbankklasse von anno dazumal ausprobiert werden. Das Herzstück der Anlage ist die Drehscheibe aus den 20er Jahren des letzten Jahrhunderts. Was man in der realen Eisenbahnwelt längst nicht mehr beobachten kann, erlebt man hier hautnah, nämlich dass eine der großen Loks vor der Einfahrt in den historischen Lokschuppen einmal um ihre eigene Achse gedreht wird.

Die Lokwelt wurde als Gemeinschaftsprojekt der Stadt Feilassing und des Deutschen Museums in München umgesetzt und 2006 eröffnet. Das Deutsche Museum präsentiert in Freilassing 16 Exponate und mutmaßlich ein Gutteil des museumspädagogischen Konzepts. Die Stadt Freilassing hat das Gelände mit Lokschuppen in die Ménage-à-trois eingebracht, in der der Freundesverein des Lokschuppens der Dritte im Bunde ist und Manpower vom Mechaniker bis zur Museumsaufsicht stellt. Das ehrenamtliche Führungspersonal gibt gern Auskunft, wenn einem eine Frage auf der Zunge brennt und wartet mit allerlei interessanten Bahngeschichten auf.

Adresse Westendstraße 5, 83395 Freilassing; www.lokwelt.freilassing.de | **ÖPNV** 20 Gehminuten vom Bahnhof Freilassing, Fußweg ab Ausgang Georg-Wrede-Straße ausgeschildert | **Anfahrt** B 20, Freilassing-Zentrum, Beschilderung Lokwelt bis zum Parkplatz an der Westendstraße folgen | **Öffnungszeiten** Fr–So 10–17 Uhr, Sonderöffnungszeiten und Veranstaltungen siehe www.lokwelt.freilassing.de. Jeden 2. und 4. Samstag im Monat ist von 11–15 Uhr die Modelleisenbahn auf Gleisstand 3, jeden 1. und 3. Sonntag von 13–16 Uhr bei trockener Witterung die Parkbahn im Außenbereich in Betrieb. Demonstrationsfahrten der Drehscheibe finden an den Öffnungstagen des Museums mehrfach statt, nur bei trockener Witterung. | **Tipp** Freilassing besitzt ein kleines Stadtmuseum im Alten Feuerwehrhaus in der Lindenstraße 5a. In der Fußgängerzone gibt es jeweils am Mittwoch und Samstag vormittags bis 13 Uhr einen Grünmarkt, donnerstags einen Bauernmarkt.

46 Das Carl-von-Stahl-Haus

Viele Wege führen aufs Torrener Joch

Dass die Göllüberschreitung eine anstrengende Angelegenheit ist, ist bekannt. Für normale Bergwanderer dauert sie acht Stunden und länger. Nachdem man von Nordosten, vom Purtschellerhaus kommend, die ganzjährigen Schneefelder um den Göllgipfel passiert hat, ist man noch stundenlang unterwegs zur nächsten Hütte und ganz auf die eigenen Wasservorräte angewiesen. Zum Glück taucht dann, wenn die Not am größten ist, in einer Senke zwischen Hohem Brett und Schneibstein, auf dem Torrener Joch das Carl-von-Stahl-Haus auf, in dem es nicht nur Wasser gibt, sondern alles, was das Herz des ausgezehrten Wanderers begehrt.

Das mit Holzschindeln gedeckte Stahlhaus ist der ideale Ausgangspunkt für die »Kleine Reibn«, eine beliebte Wandertour durch das Steinerne Meer, die im Sommer wie im Winter, dann von Skitourengängern, frequentiert wird. Man übernachtet entweder im Lager oder in einem der schönen Zimmer und startet mit den ersten Sonnenstrahlen schon in 1.736 Metern Höhe. Die Hütte liegt auf österreichischem Gebiet. Die hier oben weidenden Kühe wie die Wanderer tappen am Tag tausendmal über die am Haus verlaufende Grenze zu Bayern. Durch die Nähe zur Bergstation der Jennerbahn ist es für alle Bergfans gut erreichbar. Für einige sozusagen die Einstiegsdroge in die Bergsteigerei, denn vor der Sonnenterrasse ragt der Schneibstein auf, der als leichtester Zweitausender der Berchtesgadener Alpen gilt, vom Stahlhaus aus in etwa zwei Stunden bestiegen werden kann und trotzdem ein richtiges Gipfelerlebnis bietet. Mit etwas Glück begegnet man dort oben einem oder auch mehreren Steinböcken oder einem Birkhuhn mit Nachwuchs, das gut getarnt über die Steinflächen trippelt.

Carl von Stahl war übrigens ein in Amerika zum Millionär gewordener Österreicher. Er finanzierte den Bau des Hauses aus der Portokasse. Seine Eröffnung am 22. Juli 1923 erlebte er zwar nicht mehr, aber sein Name lebt fort, hier oben, am windigen Torrener Joch.

Adresse Torren 69, A-5440 Golling | **Anfahrt** zu Fuß erreichbar von Berchtesgaden, Parkplatz Hinterbrand (2 Stunden), von der Bergstation der Jennerbahn in circa 40 Minuten | **Öffnungszeiten** ganzjährig geöffnet | **Tipp** Das Stahlhaus ist ein guter Startpunkt für ein mehrtägiges Hütten-Trekking durch das Steinerne Meer, Tourentipps auf www.ingolstaedterhaus.de, dort gibt es den Plan »Große Sommer-Reib'n durch das Steinerne Meer« zum Downloaden.

47 Der Wasserfall

Eine Jagd mit fatalen Folgen

Bei Kopfschmerzen, Depressionen oder Allergien einen Ausflug zum Wasserfall zu machen, kann helfen. Denn negative Luftionen kommen in der Nähe von Wasserfällen sehr viel häufiger als sonst in der Natur vor, und Forschungen haben ihre positive Wirkung auf den Menschen bestätigt.

Neben einem mächtigen Überschuss an negativen Luftionen bietet der Gollinger Wasserfall ein überragendes Sinneserlebnis: lautes Tosen, die frische wassergereinigte Luft, Feuchte, die an heißen Tagen angenehm kühl die Haut benetzt, und den überragenden Anblick herabstürzender Wassermassen. In mehreren Kaskaden stürzt der Wasserfall 76 Meter in die Tiefe. Auf halber Höhe hat der Fels eine natürlich Brücke gebildet, unter der das Wasser in einem mächtigen Schwall hindurchschießt. Wenn man dem Weg neben dem Wasserfall hinauffolgt, kann man oben dessen Quelle erkennen, ein riesiges Loch in der Felswand, aus dem sich oft ein richtiger Fluss ins Tageslicht ergießt. Die Wassermenge reicht von 30 bis zu 30.000 Litern pro Sekunde. Forscher vermuten, dass der Wasserfall einen großen Karstsee entwässert, der unterirdisch auf 580 Metern Meereshöhe die Niederschläge, die auf den Hohen Göll (2.522 Meter) prasseln, sammelt.

Weltgeschichtliche Bedeutung erlangte der Wasserfall am 27. August 1913. Denn an diesem Tag schoss Erzherzog Franz Ferdinand hier, gegen den Rat seiner Förster, eine weiße Gams. Die Legende, vor der sich seine Berater so fürchteten, besagt, dass, wer die weiße Gams schießt, innerhalb eines Jahres sterben wird. Fast genau zehn Monate später, am 28. Juni 1914, wurden Franz Ferdinand und seine Frau in Sarajevo Opfer eines Attentats, und der Erste Weltkrieg begann. Die geschossene weiße Gams wurde präpariert und ist im Salzburger »Haus der Natur« ausgestellt. Franz Ferdinand war übrigens ein begeisterter und gnadenloser Jäger, der in seinen 50 Lebensjahren nicht weniger als 200.000 Wildtiere schoss.

Adresse Wasserfallstraße 23, A-5440 Golling-Torren | ÖPNV S3, Haltestelle Bahnhof Golling, ab hier Fußweg beschildert (circa 3 Kilometer) | Anfahrt A 10, Ausfahrt Golling, Richtung Markt Golling, links auf Hauptstraße, von dort links in Wasserfallstraße, Beschilderung bis zum Parkplatz »Gollinger Wasserfall« folgen, von dort 10 Minuten Fußweg | Öffnungszeiten Mai–Okt. 9–17 Uhr | Tipp Nach dem Wasserfall kann man in der Bade- und Saunalandschaft »Aqua Salza« in Golling, Möslstraße 199, genussvoll relaxen, Informationen unter aquasalza.at.

48__Das Geiereck

Hallo, Edwin!

Eine Schar Geier am Rande der Wüste auf Opfer lauernd, das ist ein Stereotyp aus Westernfilmen. Nichts bleibt von diesem Bild, wenn man sie an schönen Tagen vom Salzachtal aufsteigend bei ihren eleganten Flügen beobachtet. In großen Spiralen fliegen die imposanten Gänsegeier, warme Winde nutzend, kilometerweit in die Lüfte empor.

Rein sprachlich ist der östliche Gipfel des Untersbergs für diese Vögel reserviert: das Geiereck. Die Vögel nehmen es auch gern in Besitz, obwohl sie es mit zahlreichen Touristen teilen müssen, die in wenigen Minuten fast 1.400 Höhenmeter mit der Seilbahn von St. Leonhard zur Bergstation am Geiereck hinauffahren. Die Geier wurden vom Salzburger Tierpark ausgewildert und fliegen unregelmäßig dorthin zurück, um sich füttern zu lassen. Einer von ihnen ist Edwin, rechts im Bild, mit einer Flügelspannweite von 2,50 Metern einer der imposantesten Vögel der Alpen.

Neben der Besteigung des Geiereckgipfels und des Salzburger Hochthrons (1.853 Meter) bietet sich eine Wanderung zum anderen Ende des Untersbergmassivs an, hinüber zum Berchtesgadener Hochthron (1.973 Meter). Der Wanderweg, der in drei bis vier Stunden quer über das Hochplateau führt, ist ein echtes Highlight in den Berchtesgadener Alpen. Nach der Mittagsscharte, dem einzigen größeren Einschnitt, führt der Weg durch eine bizarre Karstlandschaft. Immer karger wird die Vegetation, und immer öfter führt der Weg vorbei an selbst im August noch mit Schnee gefüllten Dolinen. Mit etwas Glück begegnet man Gämsen, die in der Mittagshitze Kühlung in den Schneelöchern suchen.

Bevor man das Stöhrhaus erreicht, sollte man noch den Gipfel des Berchtesgadener Hochthrons besteigen. Meist dauert es dann nicht lang, bis sich der Helm eines Kletterers über die Felsklippe windet, der die 400 Meter hohe senkrechte Südwand über den Hochthron-Klettersteig erklommen hat und sich stolz den Schweiß von der Stirn wischt.

Adresse Talstation: Doktor-Friedrich-Oedl-Weg 2, A-5083 Grödig-Sankt Leonhard | **ÖPNV** RVO-Bus 840, Haltestelle Grödig-Untersbergbahn | **Anfahrt** A 10, Ausfahrt Grödig/ Berchtesgaden, Berchtesgadener Straße bis St. Leonhard, Beschilderung »Untersbergbahn« folgen | **Öffnungszeiten** Seilbahn fährt halbstündig, Infos unter www.untersbergbahn.at | **Tipp** Einkehrmöglichkeiten bieten die Hochalm nahe der Bergstation und unterhalb der Bergstation das urige Zeppezauerhaus. Für eine Plateauwanderung sollten Sie unbedingt genügend Wasservorräte mitnehmen.

49 Das Keltenmuseum

Die wilden Gesellen vom Dürrnberg

Dass die Kelten unsere Vorfahren waren und in vorrömischer Zeit halb Europa von der Iberischen Halbinsel bis nach Irland und Böhmen besiedelten, wissen wir. In der Gegend um Hallein und Bad Dürrnberg bei Salzburg fand man besonders viele keltische Zeugnisse, auch Ortsnamen wie Rif oder Anif lassen einen keltischen Ursprung erkennen. Da die Kelten keine Schriftkultur pflegten und keine bleibenden Baudenkmäler hinterließen, sind sie heute nur noch in Ausgrabungsstätten und Museen präsent, von denen ein besonders schönes und großes in der Halleiner Altstadt in einem historischen Gebäude der Salzindustrie zu finden ist.

Hier erfährt man, was man vielleicht noch nicht wusste, zum Beispiel, dass die Kelten ihr blondes Haar züchteten und bleichten, indem sie es täglich mit Kalkwasser wuschen und nach hinten kämmten. So wurde es nicht nur sehr hell, sondern auch strohig wie eine Rossmähne. Oder dass sie zwar selbst Bier brauten, aber süchtig waren nach Wein, was sich die Römer später teuer bezahlen ließen.

Auf dem Dürrnberg hatten sie gesiedelt, und dort fand man zuletzt im Jahr 2000 ein vollständig erhaltenes Grab mit Grabbeigaben. Die Kelten glaubten an eine Reise der Toten in die andere Welt und gaben ihnen Fleisch mit, dazu Messer, um es zu zerkleinern, Waffen und Fibeln. Verstorbene Frauen bekamen herrlichen Schmuck aus Gold und Bronze sowie Glas- und Bernsteinperlen. Die prächtigste Grabausstattung, die auf dem Dürrnberg je gefunden wurde, gehörte kurioserweise einem toten Kind, einem Mädchen von sieben bis zehn Jahren, wie man aus den Zähnen schließen konnte. Die Zahl ihrer Amulette, Ringe und Halsketten übersteigt alles bisher Gefundene. Nach der Lage der Hals- und Armringe zu schließen, kann das Mädchen höchstens 85 Zentimeter groß gewesen sein. Es war also kleinwüchsig und brauchte deshalb doppelten Schutz ihrer Eltern vor den Bedrohungen des Lebens und ebenso auf seinem Weg ins Jenseits.

Adresse Pflegerplatz 5, A-5400 Hallein; www.keltenmuseum.at | ÖPNV S3, Haltestelle Hallein, 10-minütiger Fußweg vom Bahnhof über die Bahnhofstraße und die Stadtbrücke, rechts in die Kuffergasse bis zum Pflegerplatz | Anfahrt A 10, Ausfahrt 16, Hallein, Richtung Zentrum rechts, im Kreisverkehr dreimal in Richtung Stadtmitte, über die Stadtbrücke, von dort rechts auf die Salzachtalstraße und dort am Pfleggartenweg parken und über die Fußgängerbrücke hinüber zum Pflegerplatz | Öffnungszeiten Mo–So 9–17 Uhr | Tipp Unbedingt sehenswert ist die Halleiner Altstadt, die etwa 200 denkmalgeschützte Gebäude im Inn-Salzach-Stil beherbergt. Schön ist der belebte Mathias-Bayrhamer-Platz mit seinen vielen Cafés und Terrassenlokalen.

50 Die Salzachbrücke

Eine Länderbrücke aus Stein und Eisen

Welche Stadt hätte nicht gern eine solch prächtige Brücke? Die Länderbrücke zwischen Laufen und dem österreichischen Oberndorf wurde 2007 aufwendig saniert und mit einem Zwei-Brücken-Fest feierlich eingeweiht. Zwei Brücken deshalb, weil gleichzeitig auf der anderen Seite der Salzachschleife eine Fußgängerbrücke, der Europasteg, eröffnet wurde. Die Länderbrücke, eine auffällige Jugendstil-Hängebrücke, wurde auf steinernen Pfeilern im Jahr 1903 als reich verzierte Eisenkonstruktion erbaut. Die je zwei zu eisernen Triumphbögen verbundenen Pylone sind 14 Meter hoch. An ihnen ist die Fahrbahn aufgehängt. Die Brücke ist 165 Meter lang und die erste Straßenverbindung über die Salzach nördlich der Stadt Salzburg.

Ein verheerendes Hochwasser hatte die hölzerne Vorgängerbrücke 1896 weggespült. Und mit ihr den historischen Stadtteil von Oberndorf, der zu nah am Salzachufer gebaut worden war. Er wurde nie mehr in seiner ursprünglichen Form wiederaufgebaut. Deshalb hat Oberndorf auch keine denkmalgeschützte Altstadt wie die Schwesterstadt Laufen mehr aufzuweisen.

Die Jugendstilbrücke verbindet zwei Städte, die eine lange gemeinsame Geschichte miteinander teilen. Jahrhundertelang gehörten beide zum Fürsterzbistum Salzburg, Oberndorf war die Vorstadt der einst wohlhabenden Stadt Laufen. Flussabwärts der Residenzstadt Salzburg an einer unschiffbaren Salzachschleife gelegen, waren beide Orte von großer Bedeutung für den Salzhandel: Hier musste das Salz von den Salzachschiffen abgeladen, über eine Landzunge gezogen und auf der anderen Seite wieder auf die Salzschiffe Richtung Passau verladen werden. 1816 wurde Laufen bayerisch, Oberndorf österreichisch und die Salzachbrücke Grenzübergang. Sie blieb es bis zum Ende der Grenzkontrollen 1997. Heute kann sich jeder frei entscheiden, ob er seinen Kaffee lieber hüben oder drüben trinken will. Es ist nur ein Katzensprung über einen schwingenden Brückenboden.

Adresse Marienplatz 5, 83410 Laufen | **ÖPNV** Salzburger Lokalbahn S1, Haltestelle Bahnhof Oberndorf-Stadt | **Anfahrt** A 8, Ausfahrt Bad Reichenhall, weiter auf B 20 Richtung Laufen, in Laufen rechts durch das Stadttor in die Schloßstraße, geradeaus bis Marienplatz | **Tipp** In Oberndorf gibt es ein Stille Nacht & Heimatmuseum, denn Franz Xaver Gruber, der Komponist des Weihnachtsliedes, hat hier in Oberndorf als Organist und Dorfschullehrer gelebt.

51 Die Stiftskirche

Adel, Bürger, Zünfte

In der Laufener Altstadt fühlt man sich versetzt in eine Epoche, in der die Menschen noch mehr Zeit zum Leben hatten. Eine Halbinsel in eine Flussschleife gebettet, mit herrlichen Patrizierhäusern im Inn-Salzach-Stil, engen Gassen und kleinen Plätzen, Kopfsteinpflaster. Alles wirkt friedlich, entrückt und ein bisschen wie aus der Zeit gefallen. Der gesamte historische Ortskern der kleinen Stadt an der Salzach steht unter Denkmalschutz.

Wendet man sich von der Länderbrücke aus nach rechts der Hauptachse der Rottmayrstraße zu, spaziert man geradewegs auf eines der Prunkstücke der Stadt, die Stiftskirche »Unserer Lieben Frau«, zu. Sie ist die älteste gotische Hallenkirche Bayerns und wurde mehrfach umgebaut. Aber sie bewahrt bis heute einige gotische Kleinodien, wie eine Madonna mit Kind im Hochaltar aus dem Jahr 1344. Ungewöhnlich und anrührend: Die Mutter Gottes hat einen Säugling mit dem Gesicht eines alten Kindes auf dem Schoß. In der Rechten hält sie einen roten Apfel, in der Linken eine Birne.

Das wirklich Einmalige und Besondere der Kirche ist aber, dass sie von einem kreuzgangähnlichen Bogengang umgeben ist, der ab dem 15. Jahrhundert schützend über die Grabstätten des Adels, der wohlhabenden Bürger und der Zünfte in der alten Handels- und Schifferstadt gebaut wurde. Der Laubengang zieht sich nach oberitalienischen Vorbildern um die ganze Kirche. Ursprünglich gab es nur Dächer über den einzelnen Grabmälern zum Schutz für die Fresken und Epitaphe (Totengedenktafeln). Später wurden die Laubengänge vollständig eingewölbt. Die barocken Deckenbilder des Gewölbes weisen durch ihre Zunftzeichen zum Beispiel auf die Grablege der Bäcker und Müller hin. Etwa 200 Marmorepitaphe vom 14. bis ins 19. Jahrhundert finden sich in Kirche und Bogengang. Damit verfügt Laufen, ehemals »der Ort mit den Stromschnellen«, mit Salzburg und Passau über die bedeutendsten Denkmäler dieser Art.

Adresse Spannbruckerplatz 6, 83410 Laufen | **ÖPNV** Salzburger Lokalbahn S1, Haltestelle Bahnhof Oberndorf-Stadt | **Anfahrt** A 8, Ausfahrt Bad Reichenhall, weiter auf B 20 Richtung Laufen, in Laufen, rechts durch das Stadttor in die Schloßstraße, am Marienplatz links abbiegen und rechts in die Rottmayrstraße bis zum Spannbruckerplatz | **Tipp** Die Laufener Altstadt entdeckt man am besten zu Fuß. Man wandert durch Kopfsteinpflastergässchen und lauschige Plätze oder direkt an der Salzach die Flussschleife entlang bis zum Europasteig im Westen oder im Osten hinauf zu den Terrassen-Cafés am Marienplatz, direkt an der Länderbrücke.

52 Die Almbachklamm

Im Schwemmlingtal

Harmlos, fast unscheinbar sieht der Gebirgsbach aus, der die Almbachklamm speist und unterhalb des großen Parkplatzes vor der Klamm in die Berchtesgadener Ache mündet. Am Eingang zur Klamm befindet sich die letzte Marmorkugelmühle Deutschlands, deren Erzeugnisse, schöne Steinmurmeln, man auch kaufen kann.

Ein paar Meter noch, Eintrittskarten am Kassenhäuschen gelöst, und schon bald fühlt man sich wie mitten im Hochgebirge. Niemals würden Besucher sich in diese Klamm wagen, wenn nicht die Ingolstädter Pioniere 1894 einen Weg errichtet hätten, der nahezu allen Naturfreunden dieses Naturschauspiel erschließt. 320 Steinstufen, 29 Brücken und ein Tunnel mussten geschlagen, gezimmert und in den Fels gesprengt werden, damit wir heute die 200 Höhenmeter bis zum Ende der Klamm ohne Gefahr begehen können.

Senkrechte Wände stürzen von beiden Seiten aus mehreren Hundert Metern Höhe in die Schlucht. Überall plätschert und tropft es. Und wenige Meter unterhalb des Wegs brodelt das Wasser, als würde es kochen. Doch an Kochen ist nicht zu denken, denn auch an den heißesten Sommertagen ist es hier schattig und kühl.

Augen auf ist die Devise, und das nicht nur, um die vom Wasser geformten Besonderheiten zu bewundern, sondern auch, um Ausschau nach Pflanzen und Tieren zu halten. Hier hat man nämlich das Glück, Pflanzen zu entdecken, die normalerweise nur 1.000 Meter höher vorkommen. Schwemmlinge werden sie genannt, und sie reisen oft innerhalb weniger Stunden von 1.900 auf 600 Höhenmeter. Samen von Enzian, Alpenveilchen oder Edelweiß, alles ist hier möglich.

Etwa auf der Hälfte des Wegs zum Ende der Klamm stürzen von der rechten Seite die Sulzer Wasserfälle hinunter, die mit ihren 114 Metern Fallhöhe zu den höchsten Wasserfällen Deutschlands zählen. Noch ein bisschen weiter, und man erreicht die 14 Meter hohe Staumauer der Theresienklause, die zur Holztrift auf dem Almbach genutzt wurde.

Adresse Kugelmühlweg 18, 83487 Marktschellenberg | **ÖPNV** RVO-Bus 840, Haltestelle Kugelmühle | **Anfahrt** Bahnhof Berchtesgaden, Bahnhofstraße Richtung Salzburg, an der Ampel rechts der B 305 folgen, nach 6,9 Kilometer links abbiegen, nach der Brücke über die Ache links in den Kugelmühlenweg, Parkplatz Almbachklamm | **Öffnungszeiten** Mai bis Oktober | **Tipp** Ein schöner Rundweg schließt sich an, wenn man an der Theresienklause zum Mesnerwirt nach Ettenberg auf- und dann über den Hammerstielweg zum Parkplatz Kugelmühle wieder absteigt (circa drei Stunden).

53 Die Salzburger Straße

Ein Markt mit Geschichte und Charme

Marktschellenberg wird durchschnitten vom Verkehr der Alpenstraße, der nur durch die häufigen Geschwindigkeitskontrollen gebremst wird. All die, die ihr Auto stehen lassen und von der Hauptstraße auf die Salzburger Straße abbiegen, finden einen Straßenzug mit einem nahezu unversehrten historischen Ensemble an bunt gestrichenen Markthäusern vor, der einen Hinweis auf die frühere Bedeutung Marktschellenbergs gibt.

Bereits im 13. Jahrhundert wurden hier Salinen betrieben, die Salz aus der Sole des Berchtesgadener Salzbergwerks gewannen. Das machte Marktschellenberg einerseits zum Konkurrenten für die Halleiner Salzindustrie und führte zu Auseinandersetzungen mit den Salzburger Fürstbischöfen. Andererseits wurde Schellenberg deshalb zur wohlhabenden Marktgemeinde mit einer erstarkenden Bürgerschaft. Ein blühender Markt mit großem Sudhaus, Marktplatz und stattlichen Bürgerhäusern entstand.

Nach 1810 war es aus mit den Salinen, und der Niedergang des Ortes begann. Als Anfang des 20. Jahrhunderts die Salzburger Straßenbahn durch Marktschellenberg nach Berchtesgaden gebaut wurde, musste die alte Architektur weichen. Die Salzburger Straße mit ihren Bürgerhäusern blieb unversehrt. Heute ist dieses authentische Ortsbild ein Glücksfall, und wer an einem warmen Sommertag durch die schattige Gasse schlendert, kann fast ins Träumen kommen. Kurz vor der Brücke über die Berchtesgadener Ache sollte er oder sie aber wieder aufwachen, denn dort ist das Café Cupido, das seinen Gästen auf der schönen Terrasse direkt an der Ache nicht nur einen herrlichen Blick auf den Hohen Göll, sondern ebensolchen Kuchen bietet.

Eine Straßenbahn fährt heute nicht mehr, weder nach Salzburg noch zum Königssee, aber eine Buslinie verbindet den Ort mit Berchtesgaden und Salzburg. In einer halben Stunde ist man am Mirabellplatz oder an der Staatsbrücke, und man muss sich keine Gedanken über die horrenden Parkgebühren in der Salzachstadt machen.

Adresse Salzburger Straße 1, 83487 Marktschellenberg | **ÖPNV** RVO-Bus 840, Haltestelle Marktschellenberg | **Anfahrt** A 10, Ausfahrt Berchtesgaden/Grödig, rechts in Alpenstraße (B 305) Richtung Berchtesgaden, 3,3 Kilometer bis zur Grenze nach Deutschland, weitere 2,5 Kilometer bis Marktschellenberg, Parkmöglichkeit rechts, vor der Sparkasse | **Tipp** Über Marktschellenberg liegt die barocke Wallfahrtskirche Mariä Heimsuchung in Ettenberg mit einer Sammlung von historischen Votivbildern und schönem Ausblick in die Berge.

54 Die Barmsteine

Zwei Brüder

Wie zwei Brüder stehen sie zusammen, großer und kleiner Barmstein, zwei Felstürme zwischen Salzburger und Berchtesgadener Land, die Grenze verläuft genau auf ihren schmalen Rücken. Von Osten her sehen sie uneinnehmbar aus mit ihren senkrechten Felswänden. Man erkennt am großen Barmstein Kletterer wie Ameisen auf der glatten Wand. Von der Gegenseite aber sind sie relativ leicht besteigbar, der Kleinere über einen gesicherten Felssteig, der Große über ein wenig luftige Kraxelei, mit gutem Schuhwerk und einem auf den Weg gehefteten Adlerauge für jeden machbar, der nicht zu höhenempfindlich ist. Oben angekommen, blickt man nach Osten hinunter auf die Stadt Hallein mit ihrer Salzachinsel und hinauf nach Salzburg, nach Westen auf den Untersberg, den Hohen Göll und die ganze Berchtesgadener Bergkette.

841 ist der Kleine, 851 Meter sein großer Bruder hoch. Ein Klacks im Vergleich zu den Riesen ringsherum. Und doch sind sie etwas ganz Besonderes, zwei Hörner, die aus dem Waldboden ragen und ihre Teleskopaugen über die Umgebung kreisen lassen. Ein besonderer Zauber liegt auf dem Großen Barmstein, auf dem man oft ganz allein ist. Wer vom Gipfelkreuz aus noch etwas weiter wandert, auf einem schmalen Trampelpfad, erreicht den besten Aussichtspunkt. Ein Holzbrett dient als Sitzplatz, dahinter, Achtung, kommt nur noch senkrechter Fels. Dieser Rastplatz wirkt wie ein Kraftort, ein echter Energiespender.

Ein besonderes Phänomen der Barmsteine sind die Windröhren im Fels, die kalte Luft zum Bergfuß sinken und so natürliche Eis- und Kühlkeller entstehen lassen. Stollen am Fuß der Barmsteine wurden früher von der Brauerei Kaltenhausen als Kühlkeller verwendet. Während des Krieges nutzten die Grill-Werke die unterirdischen Stollen für ihren Rüstungsbetrieb. Nur noch mit einem guten Fernglas erkennt man ein großes Hakenkreuz, das seit 1933 auf dem Kleinen Barmstein aufgemalt war.

Adresse Mehlweg 17, 83487 Marktschellenberg | **Anfahrt** B 305, von Salzburg kommend in Marktschellenberg links über Marktplatz, Messerergasse, Tiefenbachstraße, links Götschenweg, rechts Mehlweg bis zum Parkplatz mit Infotafel | **Tipp** Man kann auch auf österreichischer Seite von der Brauerei Kaltenhausen (bei Hallein) aus aufsteigen und einen schönen Rundweg über den Großen und Kleinen Barmstein und die Burgruine Thürndl gehen.

55 Die Eishöhle

Im Schein von Karbidlampen ins ewige Eis

Die Luft flirrt vor Hitze, ein leichtes Lüftchen bringt etwas Erfrischung. Wie in den Anden zieht sich ein Pfad hinauf über die steilen Südosthänge des Untersbergs. Sorgfältig arrangiert sehen die um die Kirche gruppierten Häuser des Talortes Marktschellenberg aus und winzig von hier oben. Er hat der einzigen zugänglichen Eishöhle Deutschlands, die nur 600 Meter Luftlinie vom Ort entfernt, aber 1.000 Meter höher liegt, den Namen gegeben. Drei Stunden dauert der Aufstieg über den viel begangenen Pfad, der vom Passturm über die Toni-Lenz-Hütte (1.450 Meter) zur Höhle führt.

Auf 1.570 Metern liegt der Eingang, der etwa 20 Meter breit und fünf Meter hoch ist. Wie in eine Grube führt der Weg hinein, und ganz plötzlich ist die Kälte zu spüren, die dort unten in der Senke liegt. Von 30 Grad Sommerhitze taucht man, schon kurz bevor man die Höhle betritt, in einen See aus kalter Luft ein, die kaum die Null-Grad-Grenze überschreitet. Der Höhlenführer hat seine Anweisungen und Schutzhelme verteilt. Einige Besucher bekommen Karbidlampen oder LED-Handleuchten. Sie sind mangels Elektrifizierung die einzige Lichtquelle in der Höhle. Sie ist auf einer Länge von über drei Kilometern erforscht, doch der für Besucher erschlossene Weg durch die bis zu 30 Meter dicken Eiswände misst nur 500 Meter.

Kuppeln aus Eis, Stalaktiten, die von der Decke wachsen, das Eis an den Wänden glitzert im Lampenschein. Auf in das Eis geschlagenen Treppen führt der Weg steil hinab, vorbei an erstarrten Wasserfällen, durch Eiskathedralen und über jahrtausendealte Eisseen. Eine fremde Welt entdeckt man hier und hört ungläubig den Höhlenführer von einem Dohlenfriedhof über der Eishöhle erzählen. Seit Jahrhunderten fliegen die Dohlen des Untersbergs dort hinein, wenn ihre Zeit gekommen ist.

Das Eis der Eishöhle ist 3.000 Jahre alt und füllt mindestens 60.000 Quadratmeter. Sie ist damit eine der mächtigsten bekannten Eishöhlen der Welt.

Adresse Wanderparkplatz Hauptstraße 31, 83487 Marktschellenberg; www.eishoehle.net | **ÖPNV** RVO-Bus 840, Haltestelle Eishöhle | **Anfahrt** A 10, Ausfahrt Berchtesgaden/Grödig, rechts in Alpenstraße (B 305) Richtung Berchtesgaden, 3,3 Kilometer bis zur Grenze nach Deutschland, nach 1 Kilometer links Parkplatz Eishöhle | **Öffnungszeiten** Pfingsten – Ende Okt. Mo – So, Führungen von 10 – 16 Uhr jeweils zur vollen Stunde, Dauer 45 Minuten | **Tipp** Nach dem Besuch der Eishöhle kann man entweder wieder zur Hütte ab- oder über den Edersteig auf das Untersbergplateau aufsteigen, vom Geiereck mit der Seilbahn nach Grödig und mit dem Linienbus zum Eishöhlen-Parkplatz zurückfahren.

56_Die Mittagsscharte

Wo gegen Mittag die Sonne scheint

Auf der Autobahn aus München kommend sieht man kurz vor Salzburg schon von Weitem, dass sich da etwas Mächtiges in den Weg stellt. Wie ein gestrandeter Pottwal liegt der Untersberg da und schirmt den Berchtesgadener Talkessel nach Norden ab. 1.400 Meter über der Salzachebene durch senkrechte Felswände bewehrt, die Gipfel bis fast 2.000 Meter ü. A. (über der Adria), wie auf österreichischer Seite seit k. u. k. Zeiten gemessen wird und was die Gipfel um 25 Zentimeter höher macht als nach deutscher Messung, deren Referenz der Nordseepegel ist.

Untersberg, das bedeutet nicht »unterm Berg«, obwohl das passen könnte, findet doch eine ganze Welt in diesem Berg Platz. Höhlen ohne Zahl schlummern in ihm, von etwa 400 weiß man. Die längste und tiefste Höhle Deutschlands, genannt das »Riesending«, liegt hier, in der im Juni 2014 die große Aktion zur Rettung eines Höhlenforschers stattfand, außerdem die einzig begehbare Eishöhle Deutschlands und auf österreichischer Seite das riesige Kolowrathöhlensystem.

Der Name soll mit dem Mittag (»Untern«) zu tun haben. Mittags steht, von Salzburg aus betrachtet, die Sonne genau über diesem Lichtberg. Auch die Mittagsscharte, ein Einschnitt, der sich von Norden nach Süden einige 100 Meter tief quer durch den Berg zieht, verdankt ihren Namen der Sonne, die hier jeweils am 15. August etwas ganz Besonderes vollbringt. An Mariä Himmelfahrt soll sich eine sonst verschlossene Höhle öffnen. Besucher seien dann Zeit- und Raumanomalien ausgesetzt, sie verschwänden und tauchten ganz woanders wieder auf. Aufsehen erregte 1987 eine wilde Geschichte. Über Wochen hinweg suchte die Bergwacht nach drei Personen, die an Mariä Himmelfahrt eine Höhle in der Mittagsscharte begehen wollten. Ihr Auto wurde an der Seilbahnstation in Grödig gefunden, die Personen blieben unauffindbar. Erst drei Monate später meldeten sie sich von einem Frachtschiff im Roten Meer. So stand es in den Zeitungen.

Adresse Wanderparkplatz, Hauptstraße 31, 83487 Marktschellenberg | **ÖPNV** RVO-Bus 840, Haltestelle Eishöhle | **Anfahrt** A 10, Ausfahrt Berchtesgaden/Grödig, rechts in Alpenstraße (B 305) Richtung Berchtesgaden, 3,3 Kilometer bis zur Grenze nach Deutschland, nach 1 Kilometer links Parkplatz Eishöhle | **Tipp** Man kann entweder über die Eishöhle und den Edersteig zur Mittagsscharte aufsteigen oder bei der Plateauüberschreitung vom Stöhrhaus auf Berchtesgadener oder vom Geiereck (Seilbahn) auf österreichischer Seite zur Mittagsscharte wandern.

57_Der Passturm

Streit unter Glaubensbrüdern

Eigentlich könnte man denken, dass sich die Berchtesgadener Fürstpröpste und die Salzburger Fürstbischöfe als Glaubensbrüder auch vertragen hätten. Aber so war es nicht. Der Kampf um das »weiße Gold«, die Vorherrschaft im Salzhandel, entzweite sie. Alle drei Pässe zwischen beiden Gebieten waren schwer befestigt und wurden wehrhaft verteidigt. Eine dieser Befestigungen ist der Marktschellenberger Passturm hinter dem Grenzübergang am Hangendenstein. Selbst wenn er wollte, könnte er heute nichts mehr verteidigen. Seit die Landstraße tiefergelegt und das Mautgebäude abgerissen wurde, hat der Turm nur noch eine dekorative und wegweisende Funktion. Er steht am Startpunkt eines beliebten Wanderwegs hinauf zur Schellenberger Eishöhle. Mehrmals im Jahr wird der Turm geöffnet, und man kann sein Innenleben besichtigen, in dem über Jahrhunderte diverse Wachmannschaften hausten.

Die Berchtesgadener waren zwar die Kleineren und Schwächeren, deshalb aber längst keine Waisenknaben. Im 14. Jahrhundert fielen sie in Abwesenheit des Bischofs über die Salzburger her, weshalb sie in der Folge den Schellenberger Passturm und auch den Pass Hallthurm an Salzburg abtreten mussten. Auch die Halleiner versuchten mindestens einmal, sich der Schellenberger Konkurrenz im Salzhandel durch Angriffe auf deren Salzpfannen und Salzwagen zu entledigen. 1611 fiel der Salzburger Obrist Bernhard Ehrgott – nomen est omen – mit 1.000 Mann über Berchtesgaden her, und so ging es munter hin und her. Ein letztes Aufrüsten des Passturms gab es 1800: Gegen den Ansturm des napoleonischen Heeres wurden neue Schießscharten eingebaut. Die Übergabe erfolgte dann jedoch kampflos. 1810 wurde Berchtesgaden bayerisch, und 1823 zog die Besatzung des Turmes in das neu errichtete Königlich Bayerische Zollamt um. Ein verwittertes Kreuz aus Nagelfluh vor dem Turm erinnert an die Toten der kriegerischen Auseinandersetzungen zwischen Salzburg und Bayern von 1382.

Adresse Wanderparkplatz, Hauptstraße 31, 83487 Marktschellenberg | **ÖPNV** RVO-Bus 840, Haltestelle Eishöhle | **Anfahrt** A 10, Ausfahrt Berchtesgaden/Grödig, rechts in Alpenstraße (B 305) Richtung Berchtesgaden, 3,3 Kilometer bis zur Grenze nach Deutschland, nach 1 Kilometer links Parkplatz Eishöhle | **Öffnungszeiten** nur zu besonderen Anlässen wie dem »Tag des offenen Denkmals«, Infos unter Tel. 08650/988830 | **Tipp** Wer mehr über die historische Salzgewinnung und den Salzhandel erfahren möchte, sei auf die sehr gute Dauerausstellung im 2. Obergeschoss des Keltenmuseums in Hallein (»Salz aus Sole«) verwiesen, Infos unter www.keltenmuseum.at.

58 Die Quelle über dem Almbach

Eine Wunderquelle

Das Untersbergmassiv ist der nördlichste Ausläufer der Berchtesgadener Alpen und eine der markantesten Landmarken. Es besteht im Wesentlichen aus Kalkstein und ist geologisch eine Mischung aus Ramsaudolomit und Dachsteinkalk. Durch Verkarstung wird er von zahlreichen Höhlen durchlöchert wie ein Schweizer Käse. Dabei spielt Wasser die Hauptrolle, denn so rar es auf dem Bergplateau zu finden ist, so üppig entspringt es zahlreichen Quellen am Fuß seiner Felswände. Kein Bach fließt vom Plateau nach unten. Es scheint, dass jeder Wassertropfen erst im Berg verschwinden, über zahllose unterirdische Wasserfälle stürzen muss, bevor er im Talgrund ankommt und in einer Quelle dem Dunkel entspringen darf – wenn er nicht gänzlich vom Berg verschluckt bleibt.

Eine ganz besondere Geschichte gibt es zu einer Quelle oberhalb der Almbachklamm zu erzählen. Ende der 1970er Jahre folgte der schwer kranke Berchtesgadener Zahnarzt Eugen Köberle einer Eingebung und fand über der Klamm eine von Schlick bedeckte Quelle. Zur gleichen Zeit stieg Hagen Böhnisch, einem unwiderstehlichen Verlangen folgend, im 200 Kilometer entfernten Kufstein trotz eines Herzleidens mit Skiern auf einen hohen Berggipfel, von wo aus er einen im Licht strahlenden Berg sah, der nur der Untersberg sein konnte. Hagen Böhnisch zog es nach Berchtesgaden, wo er Köberle versprach, die Quelle zu fassen und eine überlebensgroße linkssegnende Madonna, die der Zahnarzt von der Tochter des Freilassinger Sehers Alois Irlmaier bekommen hatte, über der Quelle aufzustellen.

Das Wasser, das dort an die Oberfläche sprudelt, hat konstant acht Grad und soll bei Herz- und Kreislaufleiden helfen, Kraftlose stärken und gut für die Augen sein. Hagen Böhnisch hat es von seinem Leiden befreit, vielleicht auch, weil er eine Aufgabe spürte und der Weg zur Quelle ein hervorragendes Cardiotraining ist.

Adresse Kugelmühlweg 18, 83487 Marktschellenberg | ÖPNV RVO-Bus 840, Haltestelle Kugelmühle | Anfahrt Bahnhof Berchtesgaden, Bahnhofstraße Richtung Salzburg, an der Ampel rechts der B 305 folgen, nach 6,9 Kilometer links abbiegen, nach der Brücke über die Ache links in den Kugelmühlenweg, Parkplatz Almbachklamm | Tipp Wer von der Theresienklause zum Gasthaus Dürrlehen aufsteigt, sollte sich nicht wundern, wenn er Lamas auf den Bergwiesen entdeckt. Am Untersbergweg in Maria Gern gibt es einen Lamahof. Man kann die Tiere auch zum Wandern mitnehmen, Infos unter www.lamawandern.de.

59_Der Waginger See

Doppelbadewanne mit Bergblick

Tengling, Palling, Tettenhausen, Wonneberg. Die Straße der schönsten Dorfnamen in Bayern führt direkt zum Waginger See. Höhepunkt ist natürlich die Gemeinde Petting, die als falsch dechiffrierte Geheimbotschaft sogar in Wolf Haas' Krimi »Silentium« eine Rolle spielt. Dafür hüpfen wir auch hinüber in den Landkreis Traunstein, zu dem der Waginger See gehört. Eigentlich ist der See ja zwei: Waginger und Tachinger See, verbunden durch eine überbrückte Landenge, im gängigen Sprachgebrauch zu einem See vereint, dem Waginger See. Bogenförmig zieht er sich durch eine sanfte Endmoränen-Hügellandschaft mit Feldern und grünen Wiesen. Das Waginger Becken war Endstation des eiszeitlichen Salzachgletschers und ist sein Werk.

Der Waginger See ist mit bis zu 27 Grad der wärmste See in Oberbayern, eine gemütliche Badewanne. Man muss also nicht zu den Unerschrockenen gehören, will man dem Badevergnügen frönen. Das ist möglich an einzelnen Badeplätzen, von denen man die Alpenkette am Horizont betrachten und zusehen kann, wie sich am Spätnachmittag die Wolken türmen und im Gebirge ausregnen, während man noch friedlich am Seeufer liegt, dabei den eleganten Haubentauchern zusieht und den scheuen Blesshühnern, die kopfwackelnd aus dem Schilf auftauchen und gleich wieder darin verschwinden. Wenn das Gewitter schließlich bis zum See herüberzieht, werden Sturmwarnungen abgesetzt und die Segler ans sichere Ufer gelotst.

Idylle herrscht hier, die Menschen sprechen ein raues Idiom. Die Gemeinde Waging hatte in den 1990er Jahren den ersten grünen Bürgermeister Bayerns, einen gelernten Schmied, der außerdem Biobauer war, Abgeordneter im Bayerischen Landtag und später Landesvorsitzender der Grünen. Die Rede ist von Sepp Daxenberger, der 2010 viel zu früh gestorben ist. Er ist vielleicht das Symbol für ein neues Bayern, weiß-blaue Seele mit grünem Gewissen, bayerisch-kantig, aber auch offen für die Welt.

Adresse Strandbad Kühnhausen, Strandbadstraße 7, 83367 Petting | Anfahrt A 8, Abfahrt Traunstein, auf St2105 bis Waging, rechts nach Tettenhausen, Richtung Petting, nach 1 Kilometer beschilderte Abzweigung zum Strandbad | Öffnungszeiten täglich 9–19 Uhr | Tipp Das Strandbad Kühnhausen am Südostufer des Sees ist für alle, die's eher beschaulich mögen. Mehr los ist in Waging, wo es eine befestigte Uferpromenade zum Flanieren gibt.

60 Die Beerenobstanlage

Die rote Kranichbeere

Die Schönramer Beerenobstanlage befindet sich mitten im Schönramer Filz, einem großen Hochmoor, das nach der Eiszeit entstand. Schon früh nutzten Menschen das feuchte Land. So berichtete bereits der römische Geschichtsschreiber Plinius, dass in Germanien Torf abgebaut wurde: »Den mit der Hände Arbeit gewonnenen Torf trockneten sie mehr durch den Wind als durch die Sonne und wärmen mit dieser Erdart ihre Speisen und ihren vom Nordwind steifen Leib.« Torf, das sind abgestorbene Pflanzen, die sich unter Luftabschluss nur zum Teil zersetzen. Im entwässerten Moor wachsen das Heidekraut, Moosbeere und Heidelbeere. Das alles kann man zu verschiedenen Jahreszeiten im Schönramer Filz miterleben.

Mitten im Filz gibt es eine besondere Anlage, in der auf dem Hochmoorboden Beeren gezüchtet werden: Im Hochsommer reifen hier Heidelbeeren, im Herbst die rote Kranichbeere, auch bekannt unter den Namen Moosbeere oder Cranberry. Sie ist herb und säuerlich und in unserer Küche noch nicht so verbreitet wie in Skandinavien oder in den USA, wo sie unter anderem ein unerlässlicher Bestandteil des Thanksgiving-Essens ist. Sie wird von Kennern für Soßen, Getränke, Marmeladen und Gebäck verwendet oder getrocknet. Anbauversuche haben gezeigt, dass die Kranichbeere sich für die klimatischen Bedingungen hier im Filz bestens eignet. Es werden weder Düngung noch chemischer Pflanzenschutz benötigt, ihre Kultivierung ist rein biologisch möglich. Trotzdem ist die Anlage die bis heute einzige Cranberry-Versuchsstation in Deutschland.

Über die medizinische Heilwirkung der Cranberry gibt es noch kein abschließendes Urteil. Von den nordamerikanischen Indianern wird sie bis heute als vielfältiges Heilmittel verwendet. Die Antioxidantien in den Cranberrys sollen Harnwegsinfekte verhindern, Karies und Arteriosklerose vorbeugen, Alterungsprozesse verzögern, und Cranberrysaft findet sogar als Krebsmittel Anwendung.

Adresse Laufener Straße, 83367 Petting-Schönram | **Anfahrt** A 8, Ausfahrt Bad Reichenhall, im Kreisverkehr Richtung Teisendorf (St2103) 10,5 Kilometer, rechts B 304, links St2103, nach 8,5 Kilometern rechts, schräg gegenüber dem Wanderparkplatz Schönramer Filz zum »Haus Gottschaldt« abbiegen | **Öffnungszeiten** je nach Beerensaison, aktuelle Infos unter www.frutifux.de | **Tipp** Eine kulinarische Empfehlung sind Bierstüberl und Biergarten der Privatbrauerei Schönram in der Salzburger Straße 10. Brauereiführungen sind am Wochenende möglich, Infos unter www.brauerei-schoenram.de.

61_Schönramer Filz

Geschichten vom Moor

Das Schönramer Filz – »Filz« ist eine bayerische Bezeichnung für Moor – ist die größte südostbayerische Moorlandschaft und ein am Mittellauf der Sur gelegenes Naturschutzgebiet. Ursprünglich 5.000 Hektar groß und ganz unbewaldet, gibt es heute Zonen mit lichtem Baumbestand aus Sandbirke, Kiefer und Fichte und baumfreie Flächen, auf denen Moor-Heidelbeeren, Preiselbeeren und Moosbeeren wachsen. Das Filz wird seit 1990 behutsam renaturiert und bietet Lebensräume für seltene Tiere und Pflanzen, zum Beispiel für Heidelibelle, Sonnentau, Wollgras, Strauchbirke und den roten Fingerhut. Und es ist eine faszinierende Landschaft.

Die Wanderung durchs Moor verläuft vom beschilderten Parkplatz »Heidewanderung« aus zunächst auf der Trasse der einstigen Torfeisenbahn an ehemaligen Handtorfstichen vorbei. Dann wandert man durch Latschen und andere Kiefern hindurch auf die Heidefläche. Ein schwingender, mit Rindenmulch aufgeschütteter Weg führt durchs weite Hochmoor. Entwässerungsgräben werden im Zuge der Renaturierung verschlossen, Birken- und Kiefernsprösslinge entfernt, bis der Boden wieder so nass ist, dass Waldbäume nicht mehr wachsen können. Der Große Moorsee füllt eine ehemalige Torfabbaugrube. Informationstafeln entlang des Moorlehrpfades geben Auskunft über die Entstehung des Moores, über die Geschichte und die Mühen der Torfgewinnung.

Eine Barackensiedlung im Schönramer Filz beherbergte seit den 1920er Jahren Torfarbeiter, später zog hier ein Ausbildungslager des Reichsarbeitsdienstes ein, und bis nach Kriegsbeginn waren bis zu 200 Arbeiter mit der Regulierung der Sur, der Entwässerung des Moors und dem Torfstich beschäftigt. Zum Kriegsende zogen hier tuberkulosekranke Zwangsarbeiter ein, die in der Rüstungsindustrie, zum Beispiel in Traunreut, gearbeitet hatten. Nach 1945 zogen schließlich Kriegsflüchtlinge in die Baracken, die erst in den 1970er Jahren endgültig abgerissen wurden.

Adresse Laufener Straße, 83367 Petting-Schönram | **Anfahrt** A 8, Ausfahrt Bad Reichenhall, im Kreisverkehr Richtung Teisendorf, 10,5 Kilometer St2103 folgen, rechts B 304, links St2103, nach 8,5 Kilometern links auf den Parkplatz »Heidewanderung« | **Tipp** Weiter auf der St2103 Richtung Laufen ist rechts der »Ukrainer-Friedhof«, auf dem während des Kriegs verstorbene Zwangsarbeiter bestattet wurden. Von der Hauptstraße zweigt im 90-Grad-Winkel ein ungeteerter Fußweg zum Friedhof ab.

62 Der Johannishögl

Der heilige Georg unterm Dach

Den 705 Meter hohen Johannishögl, einen Hügel bei Piding, erklimmt man entweder sportlich auf dem Fahrrad oder bequem im Auto. Beim Wirt holt man den Schlüssel für die Kirche, die Johannes dem Täufer geweiht ist. Der Tag des Heiligen, der 24. Juni, zugleich Sommersonnenwende, legt eine heidnische Vorgeschichte dieses Platzes nahe. Und die Aussicht vom Vorplatz der Kirche, die wahrscheinlich auf einem keltischen oder römischen Kultplatz steht, ist phantastisch. Entweder man folgt dem Psalm 121 – »Hebe deine Augen auf zu den Bergen« – und betrachtet die nahe Silhouette des Hochstaufens, der wie eine Pyramide aus der Ebene ragt. Oder der Blick schweift hinüber nach Salzburg, zur weißen Festung Hohensalzburg auf dem Mönchsberg und den Gaisberg, erkennbar an seinen vielen Antennen.

Man steckt den langen Schlüssel ins Schloss und erkennt im Halbdunkel feine romanische Fresken an der gegenüberliegenden Wand. Die Heiligenfiguren im Zentrum des Altarbildes sind spätgotisch, die beiden Flügelgemälde tragen schon Renaissancezüge. Sie zeigen den doppelten Johannes: den Täufer und den Evangelisten. Auf der Empore erkennt man sechs Gemälde von Einsiedlern im niederländischen Stil.

Wer weitere Details, von denen die kleine Kirche voll ist, entdecken will, braucht weitere Schlüssel und eine Genehmigung des Pfarrherrn von Piding. Nur dann gibt es Christus als letztes Bindeglied auf dem Schlussstein im Chorgewölbe zu entdecken. Und einen Pelikan, der sich selbst die Brust öffnet, um seine Jungen zu nähren, ein sehr altes christliches Bildmotiv. Der größte Schatz der Kirche ist schließlich auf dem Dachboden verborgen. Dort findet man wunderbare mittelalterliche Fresken, zum Beispiel einen heiligen Georg, der gegen den bösen Drachen kämpft und dabei von der Königstochter unterstützt wird, die beherzt zum Strick greift und damit das Untier bändigt.

Adresse Johannishögl 3, 83451 Piding | **Anfahrt** A 8, Ausfahrt Bad Reichenhall, im Kreisverkehr Richtung Freilassing (B 20), nach 1 Kilometer links in Högler Straße, 700 Meter, rechts Panoramaweg, 3 Kilometer bis Berggasthof Johannishögl | **Öffnungszeiten** Berggasthof Johannishögl Di–So ab 8 Uhr, Mo Ruhetag, Kontakt Pfarrbüro Piding, www.pv-aap.de, Tel. 08651/2532 | **Tipp** Unterhalb der Kirche befindet sich einer der schönsten Biergärten der Umgebung unter Kastanienbäumen. Von mächtigen Linden hängen Kinderschaukeln, der Bergblick ist grandios.

63 Milchwerke Berchtesgadener Land

Wo die Bergmilch zusammenfließt

Wettergegerbt und mit einer Milchkuh vor der beeindruckenden Watzmannkulisse stehend, sieht der Bergbauer von einem der Milchlastwagen auf den durch ihn entschleunigten Verkehr herunter, vorzugsweise, wenn man es eilig hat und im Berchtesgadener Land unterwegs ist. Er ist unterwegs nach Piding, zu den Milchwerken Berchtesgadener Land Chiemgau, die sich selbst verpflichtet haben, ausschließlich Bergbauernmilch von Berchtesgaden bis Bad Tölz zu verarbeiten. Und stolz sind die Bauern nicht nur auf ihre Höfe, Almen und ihr Vieh, sondern auch auf ihre Molkereigenossenschaft, die etwa 1.750 von ihnen gehört.

Fast 250 Millionen Liter Milch werden in Piding im Jahr verarbeitet, davon seit 1973 ein Gutteil Biomilch. Heute hat sich die Molkerei mit ihren Bauern verpflichtet, bei Tieren, Futter und Verarbeitung ganz auf Gentechnik zu verzichten und sozial faire Standards einzuhalten.

Trotzdem ist die Pidinger Molkerei kein Romantikprojekt, sondern ein hochmoderner Betrieb, der mit aufwendiger Technik die Milch so verarbeitet, dass sie durch Geschmack und Qualität überzeugt. Billig geht hier nicht. Denn bei den Bergbauern hat nicht nur jede Kuh einen Namen, sondern oft auch Anspruch auf etwa zwölf Wochen Almurlaub im Jahr. Auch zu fressen gibt es nur das Beste: Alpenblumen, edle Kräuter und das frische Gras fetter Almböden. Dieser Lebensstil ist nur zu finanzieren, weil die Milch besonders fein schmeckt und die Kunden bereit sind, dafür auch ein bisschen mehr zu zahlen. Nur so kann die Genossenschaft ihren Bauern schon seit Jahren die höchsten Milchpreise in Deutschland bezahlen.

Das Besondere an diesem Ort ist also nicht nur, dass hier die Milch aus den Bergen zusammenfließt, sondern dass es dabei allen gut geht: den Kühen, den Bauern, den Beschäftigten und uns Konsumenten.

Adresse Hockerfeld 5–8, 83451 Piding; www.bergbauernmilch.de | **ÖPNV** S3, Haltestelle Bahnhof Piding | **Anfahrt** A 8, Ausfahrt Bad Reichenhall, 2. Ausfahrt im Kreisverkehr in Lattenbergstraße, Ganghoferstraße, links Am Gänslehen, rechts Hockerfeld | **Öffnungszeiten** Milchladen Am Gänslehen 4, Mo–Do 8–18 Uhr, Fr bis 13 Uhr | **Tipp** Über den Schlossweg in Piding kann man zum Schloss Staufeneck am Fuß des Hochstaufens hinaufwandern. Das Schloss befindet sich in Privatbesitz, im August gibt es dort einen großen Mittelaltermarkt, Infos unter www.am-staufeneck.de.

64 Das Blaueis

Der nördlichste Alpengletscher

Denkt man bei Alpengletschern an den kilometerlangen Aletschgletscher oder das Mer de Glace des Montblanc, kann man enttäuscht sein, wenn man das Blaueis sieht. Denn nur wenige 100 Meter lang ist dieser nördlichste Gletscher der Alpen, der zwischen Blaueisspitze und Kleinkalter bis heute der Klimaerwärmung trotzt. Er erstreckt sich von etwa 1.900 bis auf eine Höhe von 2.400 Metern.

Obwohl klein und arm an Volumen, ist er wohl der gefährlichste unter den fünf deutschen Gletschern. Immer wieder stürzen Bergsteiger beim Versuch, das Blaueis zu überqueren, in den Tod. Tiefe Randklüfte bilden sich im Sommer zwischen Eis und Fels, und beim Überschreiten des blanken Eises kann man leicht den Halt verlieren. Denn der Blaueisgletscher ist mit einer Neigung bis zu 55 Grad sehr steil. Er hat in den letzten 30 Jahren zwar die Hälfte seines Volumens verloren, aber dank der steil aufragenden Felswände, die ihn vor direkter Sonneneinstrahlung schützen, gibt es ihn noch immer.

Nicht mit Masse, Länge oder Höhe kann er also punkten, aber mit einem sehr poetischen Namen und seinem unvergleichlichen Blau, das sich zwischen den Felswänden versteckt und in voller Pracht nur demjenigen offenbart, der sich nicht scheut, drei Stunden vom Tal zu ihm aufzusteigen. Kurz nach der Schärtenalm eröffnet sich nach einer Wegbiegung erstmals und völlig unerwartet der Blick aufs Blaueis. Wie geblendet von seiner eindringlichen Präsenz, verweilt man einige Augenblicke, bis man weitergehen mag, angezogen von der zweiten Berühmtheit des Hochkaltermassivs. Es ist die Blaueishütte, die, auf 1.680 Metern gelegen, vielen Alpinisten als Basislager dient und mit dem vermutlich besten Kuchen der Nordalpen aufwarten kann, Letzteres an sonnigen Wochenenden allerdings oft nur bis in die frühen Nachmittagsstunden. Wer da zu spät kommt, geht leider leer aus.

Adresse Parkplatz Hirschbichlstraße 24, 83486 Ramsau | **ÖPNV** RVO-Bus 846, Haltestelle Hintersee-Zauberwald | **Anfahrt** St2099 von Ramsau Richtung Hintersee bis zum Wanderparkplatz Seeklause | **Tipp** Die Nationalpark-Gemeinde Ramsau hat in der Nähe des Ortskerns einen kleinen Bergkurgarten mit Solegradierwerk, Staudengarten und Kneippanlage zu bieten. Für Kinder gibt es gleich nebenan einen Abenteuerspielplatz.

65 Die Hindenburglinde

Namen sind Schall und Rauch

Bäume werden gepflanzt, wachsen heran, ihre Stämme werden stärker, ihre Wurzeln kräftiger, ihre Äste strecken sie wie Arme aus, und eine immer dichter werdende Krone bildet ihr Haupt. Dann werden sie von Menschen, manchmal auch vom Blitz, gefällt, und ihr Holz wird von Zimmerern, Drechslern, Möbelschreinern oder Holzbildhauern verarbeitet. Der Rest ist Brennholz. Nur manche Bäume über leben und werden aus wundersamen Gründen alt. Dann sind sie Naturdenkmäler.

Ein solches Denkmal ist die Hindenburglinde an der Deutschen Alpenstraße über Ramsau. Die Ramsauer Sommerlinde hat das Glück, auf einer »Freie« zu stehen, also einer Fläche, die von den ansässigen Lehensbauern zwar als Weide für ihr Vieh und zum Einsammeln des Laubes genutzt werden durfte, deren frei stehende Bäume aber nicht gefällt werden durften. Die Freifläche selbst durfte auch nicht aufgeforstet werden. So steht die Linde heute noch hier auf 850 Metern Höhe und wird gehegt und gepflegt. Sie ist 30 Meter hoch, und der Kronendurchmesser beträgt mehr als 35 Meter. Ihr Stammumfang misst über elf Meter. 1.100 Jahre soll sie schon alt sein. Und die vergangenen Jahrhunderte hatte sie einen schlichten Namen. Sie hieß einfach »Große Linde«. Aber seinen Namen kann man sich nicht aussuchen. Ausgerechnet 1933 entschied man sich, sie nach dem damaligen greisen Reichspräsidenten und Ehrenbürger von Ramsau und Berchtesgaden, Paul von Hindenburg, zu benennen. Er war es, der Adolf Hitler, den er aufgrund einer Verwechslung den »böhmischen Gefreiten« nannte, zum Reichskanzler ernannte.

Die Große Linde weiß davon nichts. Sie thront über dem Tal der Ramsauer Ache, blickt wie ehedem hinüber auf den Gipfel des Hochkalters und sieht dem Blaueisgletscher beim Schrumpfen zu. Sie weiß, dass dort unten, am Fuß der Reiteralm, der Hintersee liegt, in dem sich die Berge spiegeln. Generalfeldmarschall? Reichspräsident? Was sind Namen anderes als Schall und Rauch.

Adresse Alpenstraße 66, 83486 Ramsau | **ÖPNV** RVO-Bus 845, Haltestelle Hindenburglinde | **Anfahrt** Deutsche Alpenstraße (B 305) von Ramsau Richtung Inzell, bis kurz hinter der Abzweigung der Schwarzecker Straße | **Tipp** Einkehren kann man gleich nebenan im Gasthof Hindenburglinde mit Terrasse, Mittwoch Ruhetag. Wenn man bei der Linde die Straße quert, stößt man auf den Kunterweg, der in etwa 20 Minuten zur Wallfahrtskirche Maria Kunterweg führt. Folgt man der Alpenstraße, kommt man nach wenigen Kilometern links abbiegend auf die Alte Reichenhaller Straße zum Taubensee, einem kleinen Niedermoorsee.

66 Der Hintersee

Malerwinkel und Künstlerkolonie

»Wen Gott liebt, den lässt er fallen in dieses Land.« Dieser häufig zitierte Satz von Ludwig Ganghofer trifft zwar auf das gesamte Berchtesgadener Land zu, ganz besonders aber auf diesen Flecken See und Berge. Entstanden ist der Hintersee nach einem Felssturz im Hochkaltermassiv. Die Gesteinsmassen blockierten den Klausbach und schufen so einen neuen See, den flachen Hintersee mit seiner glatten Oberfläche, in der sich, vom Ostufer aus gesehen, der Hohe Göll spiegelt.

Ein Rundgang um den See eröffnet immer wieder völlig neue Perspektiven auf die umliegende Bergwelt. Das haben auch die Landschaftsmaler des 19. Jahrhunderts entdeckt, die die Ufer des Hintersees als Freiluftatelier nutzten und malerisch erforschten. Auf einem reizvollen Rundweg werden an einzelnen Station die Bilder von Ludwig Richter aus Dresden, Carl Rottmann aus Heidelberg, Thomas Fearnley aus Norwegen und Ferdinand Georg Waldmüller aus Wien, auf Staffeleien montiert, dem Betrachter an genau der Stelle präsentiert, an der die Künstler sie gemalt oder skizziert und angelegt hatten.

Gewohnt haben viele von ihnen bei Babette Auzinger, die 1879 das Gasthaus Auzinger in Hintersee übernommen hatte. Sie beherbergte das Künstlervolk, bewirtete und bekochte es, zu ihr hat es sie hingezogen. An derselben Stelle gab es bereits eine Taverne, die 1610 schon das Schankrecht erhalten hatte, an einem wichtigen Handelsweg hinüber nach Österreich. Über den Hirschbichlpass (1.183 Meter) wurde das Salz, der Reichtum Berchtesgadens, in den Pinzgau gebracht.

Babette und ihre illustre Künstlerschar leben nicht mehr, aber der Auzinger steht immer noch da, zwischen Hintersee und Hirschbichl, und ist ein absoluter Geheimtipp in puncto Käsekuchen, pardon, »Kaskuchen«. Muss man probiert haben, so wie man auch die historischen Gaststuben von innen gesehen haben muss.

Adresse Gasthaus Auzinger, Hirschbichlstraße 8, 83486 Ramsau | **ÖPNV** RVO-Bus 846, Haltestelle Auzinger oder Hintersee | **Anfahrt** St2099 von Ramsau Richtung Hintersee bis zum Hintersee oder zum Parkplatz Hirschbichlstraße | **Öffnungszeiten** Gasthof Auzinger Do Ruhetag, www.auzinger.de | **Tipp** Am Eingang zum Klausbachtal, nach der Schranke, unterhält die Nationalparkverwaltung eine Informationsstelle über Flora und Fauna im Nationalpark. Im Winter gibt es nachmittags von dort Pferdeschlittenfahrten zur Wildfütterungsstelle im Nationalpark, Infos unter www.nationalpark-berchtesgaden.de.

67_Das Klausbachtal

Idylle mit Vorgeschichte

Das Radfahren ist im Nationalpark Berchtesgaden auf wenige Wege beschränkt. Die Straße durchs Klausbachtal hinauf zum Hirschbichl ist einer davon.

Romantisch und naturbelassen erscheint uns das Klausbachtal, tatsächlich ist es zu Teilen ein Produkt industriellen Raubbaus vergangener Jahrhunderte. Bergwälder wurden abgeholzt, um die nimmersatten Salinen in Berchtesgaden und Marktschellenberg mit Holz zu versorgen. Davon zeugen heute noch entwaldete Karstberge und Fichtenmonokulturen, die erst langsam einem sich selbst aussäenden ursprünglicheren Bergwald weichen. Im Talgrund sorgte der zum Holztransport optimierte Wasserlauf des Klausbachs dafür, dass die periodischen Überschwemmungen ausblieben und die Auwälder rentablen Fichtenwäldern wichen. Die Salzkutscher brachten das in Berchtesgaden gewonnene »weiße Gold« auf Pferdefuhrwerken hinüber in den Pinzgau und nahmen dafür den steilen und gefährlichen Weg über den Hirschbichl.

Seit der Nationalpark seinen schützenden Mantel über dieses Tal hält, hat die Natur wieder die Oberhand gewonnen und gestaltet es nun nach ihrem Willen. Die alten Geschichten über den Raubbau geraten mit jedem Schritt, den man weiter ins Tal hineingeht, in den Hintergrund. Zu beeindruckend sind die am Rand der Reiteralpe aufragenden Grundübelhörner und gegenüber die Flanken des Hochkaltermassivs, zu idyllisch der mäandernde Klausbach, wenn dicht über ihn die Wasseramsel fliegt oder sich an einem Uferbaum der Dreizehen- oder der noch seltenere Weißrückenspecht zeigt.

Heute sind die Wege verteilt. Fußgänger wandern links hinauf, Radfahrer nehmen die Straße, auf der auch der Almerlebnisbus verkehrt. Auf einer neuen, 55 Meter langen und elf Meter über dem Wasser schwebenden Hängebrücke überqueren die Wanderer schwingenden Schritts den Klausbach und müssen sich den Weg von da an allenfalls mit den Kühen teilen.

Adresse Parkplatz Hirschbichlstraße 24, 83486 Ramsau | ÖPNV RVO-Bus 846, Haltestelle Auzinger | Anfahrt St2099 von Ramsau Richtung Hintersee bis zum Wanderparkplatz Hirschbichlstraße | Tipp Der Almerlebnisbus (RVO 847) fährt in den Sommermonaten durch das gesamte Klausbachtal bis zum Hirschbichlpass und hinüber nach Weißbach bei Lofer. Im Alpengasthof Hirschbichl oben auf dem Pass kann man einkehren oder weiter auf die Litzlalm wandern.

68_Maria Kunterweg

Heimat und Vertreibung

Maria Kunterweg ist ein architektonisches und geschichtliches Kleinod inmitten einer grandiosen Gebirgslandschaft. Die in Kreuzform angelegte Basilika mit ihren beiden schindelgedeckten Türmen gehört zur Gnotschaft (Ortsteil) Taubensee und liegt idyllisch über dem Ort Ramsau, mit Blick auf die Gipfel der Reiteralpe und den Hochkalter, in einem aufgelassenen Nagelfluhsteinbruch am Ende des Kunterwegs. Der ursprünglichen Wortbedeutung nach ist der Kunterweg ein Weg, den das Vieh nimmt, also ein schlechter Weg.

Gebaut wurde die Kirche 1731 bis 1733 von dem Salzburger Hofbaumeister Sebastian Stumpfegger in reinstem Rokoko. Elegantes Weiß und zartes Rosa herrschen in der Kirche vor und Gold für den Altar. Daneben eine Sammlung von Votivbildern, auf denen der Jungfrau Maria vom Kunterweg für ihre Hilfe in der Not gedankt wird. Das älteste Bild stammt von 1702. Der Fußboden der Kirche ist aus rotem Adneter Marmor und war ursprünglich auf einer Lehmschicht verlegt, was zu einem Zerfall der Bodenplatten führte und eine aufwendige Restaurierung nötig machte.

Das Deckengemälde von Innozenz Anton Warathy, der auch die Wallfahrtskirche Ettenberg ausgemalt hat, erzählt eine grausame Geschichte. Man erkennt die heilige Maria, gewandet in einen herrlichen himmelblauen Umhang und über Berchtesgaden thronend. Ein trompeteblasender Engel schickt zwei Blitze hinab auf die Erde. Einer trifft eine Gruppe von Menschen, die angstvoll zum Himmel emporblicken, weil sie die Gefahr spüren, die ihnen droht. Der andere schlägt in ein Buch ein, es ist die Lutherbibel. Die Szene beschreibt die Vertreibung der Protestanten, in der Mehrzahl Bergknappen, aus der Fürstpropstei Berchtesgaden. Sie mussten 1733 fortziehen aus ihrer Heimat und ihr Hab und Gut zurücklassen. Heute ist das Berchtesgadener Land Heimat von etwa 14 Prozent Protestanten, und Gott sei Dank denkt keiner mehr ans Auswandern.

Adresse Kunterweg 29, 83486 Ramsau | **ÖPNV** RVO-Bus 845, Haltestelle Hindenburglinde | **Anfahrt** Deutsche Alpenstraße (B 305) von Ramsau nach Inzell, bis kurz hinter der Abzweigung der Schwarzecker Straße, parken beim Gasthof Hindenburglinde | **Tipp** Wenn man die Alpenstraße Richtung Ramsau fährt, zweigt nach einem Kilometer die Hirschecker Straße links hinauf zum Hirscheck, einem schönen Aussichtsgipfel, der auch mit einem Sessellift erschlossen ist. www.hochschwarzeck.info.

69 Die Mordaualm

Ein historischer Alm-Krimi

Eine schöne Frau, treulos und ihres braven Hirten überdrüssig – das ist die archetypische, fast biblisch zu nennende Ausgangslage, und schon ist der Grundstein für eine Kriminalgeschichte mit Mord und Totschlag gelegt. Schauplatz ist eine Alm im Lattengebirge mit dem gruseligen Namen »Mordau«, auf 1.200 Metern hoch über Ramsau gelegen.

Einst wollte eine schöne Sennerin hier oben auf der Alm ihren Geliebten, einen kreuzbraven Hirten, loswerden, denn sie hatte sich in einen schneidigen Jäger verguckt. So schickte sie den Hirten hinauf auf den Hohen Göll, ihr ein Edelweiß für ihren Sonntagshut zu pflücken. Hinauf und immer weiter hinauf kletterte der Hirte und fand kein Edelweiß, sondern stürzte in den Tod. Den treulosen Liebenden ward jedoch kein Glück beschieden. Eine Horde von Landsknechten aus dem Bayerischen zog mordend und brandschatzend über die Alm, und das Liebespaar erlebte den nächsten Tag nicht mehr. Das soll der Sage nach 1382 geschehen sein.

Die heutige Sennerin auf der Mordaualm hat ihre wilden Jahre – von denen wir nichts wissen und nichts zu berichten haben – auf jeden Fall hinter sich. Sie verbringt den Sommer mit einem halben Dutzend Kühen und zwei Kälbern auf der Alm, schenkt frische Milch und Buttermilch aus und brüht auch Kaffee auf, wenn man danach verlangt. Um noch etwas vom Blechkuchen zu ergattern, sollte man bei schönem Wetter allerdings frühzeitig aufsteigen, sonst starrt man hungrig auf das leere Blech. Das Vieh gehört zum Ramsauer Kederbachlehen, einem Hof, von dem der Bergführer Johann Grill, genannt »der Kederbacher«, stammt, der 1881 als Erster die Watzmann-Ostwand durchstiegen hat.

Von der Mordaualm hat man einen wunderbaren Blick hinauf ins Blaueis, den Hochkaltergletscher. Hier wurden schon einige Folgen der TV-Serie »Dr. Engel« gedreht, aber bisher noch kein Krimi. Bei der Geschichte eigentlich ein Wunder.

Adresse Mordau 50, 83486 Ramsau | **ÖPNV** RVO-Bus 845, Haltestelle Taubensee | **Anfahrt** Deutsche Alpenstraße (B 305) von Ramsau Richtung Inzell, 500 Meter nach Gasthof Baltram auf Wanderparkplatz Am Taubensee, Beschilderung »Mordaualm« folgen | **Tipp** Auf der Mordaualm kann man bei beiden Sennerinnen einkehren oder auf dem »Almenwanderweg« hinauf zur Moosenalm und zur auf 1.480 Metern gelegenen Lattenbergalm weiterwandern. Auf den einzelnen Stationen des Wegs wird die historische und heutige Almwirtschaft in Bildern und Texten dargestellt.

70 Der Nationalpark

Ein Park für Tiere und Menschen

Der Steinadler, heutiges Wahrzeichen des Nationalparks Berchtesgaden, wurde erst in den 1920er Jahren in letzter Minute unter Schutz gestellt und konnte so in den Alpen überleben. Vier Adlerpaare zählt der Nationalpark heute. Mit einer Flügelspannweite bis zu 2,30 Metern sind die Adlerweibchen etwas größer als die Männchen. Geübte Beobachter erkennen sie im Flug an der Silhouette und an der Farbe ihrer Flügelunterseiten. Die erfolgreiche Aufzucht eines Jungvogels gelingt leider nicht in jedem Jahr, denn die Jungvögel sind sehr empfindlich, vor allem gegen Nässe.

Häufiger als auf Adler trifft man auf Gämsen oder Murmeltiere, die Nahrungsquelle Nummer eins der Adler. Bevor man die »Mankei«, wie sie in Berchtesgaden heißen, sieht, hört man meist schon ihre Warnschreie über die Almwiesen gellen. Besonders gut zu beobachten sind die Murmeltiere im Bereich des Jenner oder am Funtensee. Auch Steinböcke waren, wie Knochenfunde beweisen, ursprünglich in den Berchtesgadener Alpen heimisch. Man sieht sie besonders auf Wanderungen im Hagengebirge, zum Beispiel zwischen Schneibstein und Seeleinsee.

210 Quadratkilometer umfasst der Nationalpark, der auf ein älteres Naturschutzgebiet am Königssee zurückgeht: 1978 gegründet, auch, um eine geplante Seilbahn auf den Watzmann zu verhindern, und bis heute einziger deutscher Alpen-Nationalpark. Highlights sind der Königssee, der 2.713 Meter hohe Watzmann, der auch weiterhin nur zu Fuß bestiegen werden kann, das Wimbachgries, ein mehrere Kilometer langer Schuttstrom aus Ramsaudolomit, und der Funtensee, der Kältepol Deutschlands, an dem am Weihnachtsabend 2001 ganze 45,9 Minusgrade gemessen wurden.

Der Berchtesgadener Nationalpark ist ein strenges Schutzgebiet, dessen Aufgabe neben Naturschutz, Forschung und Umweltbildung auch der Erhalt der Almwirtschaft ist. 260 Kilometer Wanderwege und alpine Steige laden zum eigenen Naturerleben ein.

Adresse Haus der Berge, Hanielstraße 7, 83471 Berchtesgaden; www.haus-der-berge.bayern.de | **ÖPNV** RVO-Bus 839, 841, Haltestelle Haus der Berge | **Anfahrt** Bahnhof Berchtesgaden, Bahnhofstraße Richtung Salzburg, an der Ampel links, auf der Bahnhofstraße bleiben, dem Straßenverlauf über Maximilianstraße, Von-Hindenburg-Allee bis zur Hanielstraße folgen. Im Kreisverkehr die erste Ausfahrt verlassen, dann rechts Besucherparkplätze | **Öffnungszeiten** täglich 9 – 17 Uhr | **Tipp** Die Nationalparkverwaltung organisiert geführte Wanderungen durch das »Tal der Adler«, jeweils donnerstags ganzjährig, von 10 bis 13.30 Uhr. Treffpunkt ist die Infostelle Hirschbichlstraße.

71 Die Reiteralpe

Wo das Grundübel sitzt

Wir wissen nicht, was Sie für das Grundübel halten, aber wir wissen, wo es sitzt, nämlich am südwestlichen Rand der Reiteralpe, über der Grundübelau. Die schroffen, zerklüfteten Grundübelhörner sehen ein bisschen aus wie die Zinnen der Dolomiten.

Die Reiteralpe, oder »Reiteralm«, ist der westlichste Gebirgsstock der Berchtesgadener Alpen. Eine Wanderung auf ihr Plateau ist immer eine lange und anstrengende Unternehmung, und außer der nicht öffentlichen Bundeswehrseilbahn gibt es keinerlei mechanische Aufstiegshilfen. Die Zustiegssteige sind steil und schweißtreibend.

Nimmt man jedoch die Anstrengung in Kauf, wird man dafür auf der verkarsteten Hochfläche mit einer Einsamkeit belohnt, wie man sie in Mitteleuropa nur selten antrifft. Eine Wanderung kann so zu einem meditativen Erlebnis werden, das die Kraftspeicher für den Alltag wieder auffüllt. Lediglich in der Nähe zur neuen Traunsteiner Hütte, der einzigen Alpenvereinshütte auf der Reiteralm, trifft man vereinzelt auf andere Bergwanderer. Ihre markanten Gipfel, die Mühlsturzhörner, das Stadelhorn oder das Wagendrischelhorn, sind oft gemalt worden, ihre Ansichten weltbekannt.

Auf dem Weg über den Gebirgsstock trifft man auf Gämsen oder den geschützten König der Lüfte, den Steinadler. Trotz der faszinierenden Schönheit muss im Bewusstsein bleiben, dass man sich in hochalpinem Gelände bewegt und auf seine Schritte achten sollte. Hier gibt es Hunderte Höhlen, die zum größten Teil noch nicht erfasst sind, und einige Dolinen, wie ein Skifahrer 2010 schmerzlich zur Kenntnis nehmen musste. Auf einer Skitour verschwand er plötzlich von der Oberfläche. Seine verdutzte Begleiterin fand ihn schließlich am Grund einer Doline. 50 Meter tief war der Tourengänger gestürzt, bevor er am Grund des Trichters angekommen war. Zum Glück auf meterhohem Schnee gelandet, konnte er nur leicht verletzt von der Bergwacht geborgen werden.

Adresse Parkplatz Hirschbichlstraße 24, 83486 Ramsau | **ÖPNV** RVO-Bus 846, Haltestelle Hintersee | **Anfahrt** St2099 von Ramsau Richtung Hintersee bis zum Wanderparkplatz Hirschbichlstraße 24 | **Tipp** Im nördlichen Teil der Reiteralpe findet sich das höchstgelegene Hochmoor Deutschlands mit alten Zirbenwäldern. Die Zirbe ist eine Kiefernart, die bis zu 1.000 Jahre alt werden kann. Aus ihren Zapfen wird im Berchtesgadener Land ein kräftiger Zirbenschnaps gebrannt.

72 Das Schwarzbachloch

Ein Bach, der aus der Höhle kommt

Nur im Herbst und Winter, wenn es auf den Bergen so kalt ist, dass das Wasser nicht mehr versickert, sondern zu Eis gefriert, ist das mehrere Meter hohe und breite Schwarzbachloch trocken, lediglich kleinere, mit ihm verbundene Quellen treten im Umkreis ans Tageslicht. Jetzt könnte man das unterirdische Felslabyrinth erkunden, das der Schwarzbach unter der 2.286 Meter hohen Reiteralpe geschaffen hat, wenn man Höhlenforscher wäre.

Bisher wurde die Höhle auf einer Länge von etwa 3.100 Metern erforscht, und man kann sich vorstellen, wie beschwerlich eine solche Tour in vollkommener Dunkelheit ist. Zahlreiche Siphons müssen durchtaucht, unterirdische Wasserfälle erklommen und eiskalte Seen durchschwommen werden. Etwa zweieinhalb Tage sind Höhlenforscher unterwegs, um an das bisher bekannte Ende zu gelangen. In den Trockenzeiten läuft nur ein Rinnsal aus dem Schwarzbachloch, und lediglich kleinere mit dem Schwarzbach verbundene Quellen treten im Umkreis ans Tageslicht. Das Bachbett mit seinen riesigen, vom Wasser rund geschliffenen und mit grünem Moos bewachsenen Steinen und Felsen sieht verwaist aus.

Im Frühsommer, wenn der Schnee am Hochplateau schmilzt und Regengüsse die unterirdischen Wasserspeicher zum Überlaufen bringen, schießt ein gewaltiger Schwall Wasser aus dem Loch und stürzt tosend ins Bachbett. Der Schwarzbach mündet bereits nach nur sechs Kilometern in die Saalach, was ihn nicht darin hindert, bis dorthin wild und unbezähmbar zu sein. Auf die kurze Distanz bis zur Mündung stürzt er 200 Höhenmeter nach unten.

Er ist die wichtigste Entwässerung der karstigen Reiteralpe nach Norden. Durch unzählige Klüfte versickern Niederschläge und Schmelzwasser und sammeln sich dann am Boden des Gebirges zwischen Ramsaudolomit und Dachsteinkalk, wo das Wasser diese Höhle bilden konnte. Je nach Witterung treten von mageren 30 Litern bis zu 17.000 Liter pro Sekunde ans Licht.

Adresse Alpenstraße 151, 83486 Ramsau | **Anfahrt** B 305 von Ramsau 4,6 Kilometer Richtung Schneizlreuth, links gebührenpflichtiger Parkplatz am Gasthaus Wachterl, Wegweiser zum Schwarzbachloch folgen (circa 30 Minuten) | **Tipp** Auf Höhe des Schwarzbachloches, das aus Naturschutzgründen weder begangen noch mit Kajaks befahren werden darf, befindet sich die Schwarzbachalm, eine Niederalm unterhalb der Schwarzbachwacht (868 Meter). Im »Wirtshaus Wachterl« gibt es regionale Küche und eine schöne Terrasse.

73 Der Soleleitungsweg

Ein Spazierweg auf dem Balkon Gottes

Andere Gemeinden errichten Radwege auf Bahndämmen aufgelassener Schienenstrecken. Berchtesgaden und Ramsau haben einen ganz besonderen Weg für heutige Müßiggänger ausgewählt: den Weg der historischen Soleleitung, auf dem in handbehauenen hölzernen Rohren, den sogenannten »Deichln«, die Sole aus dem Salzbergwerk Berchtesgaden in die Salinen nach Reichenhall transportiert wurde. 29 Kilometer ist die »Pipeline« lang, und 143 Jahre war sie in Betrieb. Zu ihrer Einweihung im Dezember 1817 kam der bayerische König Maximilian I. höchstpersönlich aus München angereist. Diese historische Soleleitung ist heute noch stückweise erhalten. An manchen Stellen sind die Rohre geborgen und an überdachten Sammelplätzen aufgeschichtet worden.

Der Soleleitungsweg ist der wohl kurioseste und einer der schönsten Höhenwanderwege des Berchtesgadener Landes. Er verläuft circa 400 Meter über dem Tal der Ramsauer Ache gleichsam auf einem Balkon mit freiem Blick auf die Bergkulisse. Da stehen sie, aufgereiht wie auf einer riesigen Perlenschnur, von West nach Ost: das Felsplateau der Reiteralpe, der Gebirgsstock des Hochkalters, dann König Watzmann, mit 2.713 Metern höchste Erhebung und Wahrzeichen Berchtesgadens. Später, wenn die Terrasse des Gasthauses Gerstreit erreicht wird, kommt noch der grandiose Ausblick auf Kehlstein, Hohen Göll und Hohes Brett hinzu. Der Weg ist gut ausgebaut und ohne merkliche Steigungen. An den Wochenenden ist man deshalb hier nur bei Regen allein unterwegs.

Für Kinder bietet der Weg einige Überraschungen: Neben den alten Holzröhren dieser historischen Pipeline gibt es gleich hinter der Wirtschaft Zipfhäusl eine Wasserfallschlucht zu bestaunen, Holzbrücken werden überschritten, und ein aus Stein gemauerter Tunnel, der einen Hügel durchschneidet, kann entweder umgangen oder auch – gebückt von den Großen, aufrecht von den Kleinen – durchquert werden.

Adresse Schwarzecker Weg 8, 83486 Ramsau | **Anfahrt** B 305 von Ramsau Richtung Schneitzlreuth, rechts Schwarzecker Straße, Richtung Hirscheckbahn, rechts Gasthof Zipfhäusl, Parkplatz | **Tipp** Der Parkplatz ist gebührenfrei, der Wirt bittet um einen Besuch. Empfehlenswert: frisch gebackene Windbeutel mit Sahne und Sauerkirschen, dazu ein Cappuccino. Die Aussicht von der geräumigen Terrasse gibt es gratis.

74 Der Watzmann

Ein Schicksalsberg

»Watzmann, Watzmann, Schicksalsberg, du bist so groß und ich nur ein Zwerg.« Wer kennt es nicht, das bekannteste Musical über diesen Berg, von dem die Schöpfer Wolfgang Ambros und Joesi Prokopetz sagen, dass es eigentlich ein Rustikal sei.

Viele Legenden ranken sich um den 2.713 Meter hohen Berg, der, anders als die Zugspitze, mit seiner gesamten Grundfläche in Deutschland steht. So wie der Held des Rustikals haben schon viele versucht, den Watzmann über die Ostwand, die dritthöchste Felswand der Alpen, zu besteigen, und viele sind daran gescheitert. Die, die Glück hatten, wurden von der Bergwacht mit dem Hubschrauber aus der Wand gerettet, für bisher über 100 Bergsteiger kam jede Rettung zu spät. Der höchste Punkt des Watzmanns, die Mittelspitze, bleibt schwindelfreien Bergsteigern vorbehalten. Fast jeder hingegen kann das Watzmannhaus der Sektion München des Deutschen Alpenvereins erreichen, das auf einem den Hauptgipfeln vorgelagerten Felssporn beeindruckende 1.930 Meter hoch über dem Berchtesgadener Talkessel steht.

Es gibt viele Wege hinauf, der »bequemste« startet an der Wimbachbrücke und führt in zwei bis zweieinhalb Stunden hinauf zum Watzmannhaus. Dort kann man erst einmal die Aussicht genießen, Quartier beziehen, etwas Feines essen und überlegen, ob man am nächsten Tag die vergleichsweise einfache Tour auf den niedrigsten der drei Hauptgipfel, das Hocheck (2.651 Meter), geht oder sich bis zum höchsten Gipfel, zur Mittelspitze, vorwagt. Wie man sich auch entscheidet, klar ist, dass man sich hier in hochalpinem Gelände bewegt und selbst bei Sonnenschein und ungetrübt blauem Augusthimmel zwei Stunden später ein Schneegestöber einsetzen kann. Also warm anziehen oder zumindest warme Sachen dabeihaben, um sich vor Wetterumschwüngen zu schützen. Die Überschreitung aller drei Watzmanngipfel (Hocheck, Mittelspitze, Südspitze) überlässt man tunlichst trittsicheren und konditionsstarken Berggehern.

Adresse Wimbachweg 2, 83486 Ramsau | **ÖPNV** RVO-Bus 846, Haltestelle Wimbachbrücke | **Anfahrt** B 305 von Berchtesgaden Richtung Ramsau, links Wimbachweg, Parkplatz Wimbachbrücke | **Tipp** Alternativ und etwas kürzer können Sie auch vom Hammerstiel (Oberschönau) zum Watzmannhaus aufsteigen (circa 2 Stunden) und von dort über den Falzsteig zur bewirtschafteten Kührointalm (1.420 Meter) weiterwandern.

75 Das Wimbachgries

Ein Mahlstrom, der nicht zur Ruhe kommt

Wäre es nicht wahr, so wäre es eine wunderbar erdachte Fiktion. Aber es ist wahr, und man kann, ohne in ein Raumschiff zu steigen, durch das Tal des gemahlenen Gebirges spazieren.

Watzmann und Hochkalter, heute die zwei mächtigsten Berge der Berchtesgadener Alpen, sind eigentlich nur Ruinen, die übrig gebliebenen Wände eines gigantischen Berges, der beide Riesen überdachte. Der Urberg litt gewissermaßen an Inkontinenz. Er konnte das Wasser nicht an seiner Oberfläche halten, es versickerte, wusch Hohlräume in die Gesteinsschichten, Rinnsale, Bäche, Flüsse, Wasserfälle fanden Platz in seinem Inneren, und dann passierte es: Der Berg kollabierte, und nur die Rückwand, der Trischübelpass, und die Außenmauern, der heutige Watzmann und der Hochkalter, blieben stehen. Während der Eiszeit fräste ein Gletscherstrom das Wimbachtal aus. Bergstürze und Erosion füllten das Tal nach dem Abschmelzen des Eises mit Gesteinsschutt, der hier »Gries« genannt wird. Dass dieser Prozess noch nicht abgeschlossen ist, zeigen die riesigen Bergstürze, die sich immer noch im Hochkaltergebiet ereignen und die den Koloss allein in den letzten 100 Jahren mehr als 100 Gipfelmeter gekostet haben.

Unendlich viele Tonnen Felsschutt haben sich auf zehn Kilometern Länge und bis 300 Metern Breite angesammelt und »fließen« nun mehrere 100 Höhenmeter talwärts. Nicht mit der Geschwindigkeit von Wasser oder Gletschereis, aber immerhin mehrere Hundert Meter pro Jahr.

Den Ausgang des Tals bildet eine enge Klamm. Strudelnd, laut und gischtgekrönt quetschen sich die Wasser des Wimbachs, der aus mehreren Quellen im Gries entspringt, durch die Felsenge ins breitere Tal, wo der Wimbach in die Ramsauer Ache mündet. Neben der bekannten Alpenflora und -fauna findet man im Wimbachgries als Besonderheit die Spirke, eine Bergkiefer, die sonst nirgendwo in den Berchtesgadener Alpen anzutreffen ist.

Adresse Wimbachweg 24, 83486 Ramsau | ÖPNV RVO-Bus 846, Haltestelle Wimbachbrücke | Anfahrt B 305 von Berchtesgaden Richtung Ramsau, links Wimbachweg, Parkplatz Wimbachbrücke | Tipp Der erste Teil der Wanderung durch das Wimbachgries bis zum Wimbachschloss ist sogar mit dem Kinderwagen in einer guten Stunde begehbar. Das ursprüngliche Jagdschloss wurde um 1784 erbaut und 2011 umgebaut und renoviert; www.wimbachschloss.net. Bis zur nächsten Etappe, der Wimbachgrieshütte (www.wimbachgrieshuette.de), ist der Weg dann nicht mehr kinderwagentauglich.

76 Der Zauberwald

Ein Bergsturz mit Folgen

Gleich zur Beruhigung: Der Bergsturz liegt über 3.000 Jahre zurück, die Gefahr ist gebannt. Damals rumpelte es gewaltig, als vom Hochkaltermassiv rund 15 Millionen Kubikmeter Gestein abbrachen und etwa 1.000 Meter hinunter ins Tal stürzten. Die Felsblöcke, die sich auftürmten, waren mächtige Brocken. Sie blockierten Bäche und stauten dadurch den malerischen Hintersee auf, der zur Gemeinde Ramsau gehört und heute ein beliebtes Ausflugsziel ist. Ursprünglich war dieser See noch viel größer als heute, er verlandete aber rasch durch die vielen Sedimenteinträge aus dem Gebirge. Um ein völliges Verlanden zu verhindern, wurde der wasser-, aber auch gesteinzuführende Klausbach bereits Anfang des 19. Jahrhunderts um den See herumgeleitet.

Was der Bergsturz außer der Schöpfung des Hintersees noch Gutes angerichtet hat, ist der Zauberwald, ein ursprünglicher Bergwald, durch den ein gepflegter Rundweg über Stege, Treppen und Brücken führt. Er folgt der Ramsauer Ache, in der die Findlinge vom Hochkalter Hindernisse bilden, die der Fluss glucksend, tosend und schäumend umspült. Besonders schön ist der Weg auch im Herbst oder Winter, wenn die Steine im Bach lauter kleine Eismützchen tragen. Die Vegetation ist üppig, und man spaziert wie durch einen Urwald aus anderen, vorzivilisatorischen Zeiten. Tannen wachsen um den nackten Fels und krallen sich mit ihren Wurzeln am Gestein fest. Hinweistafeln stellen die einheimische Flora – Enzian, Primeln, Akelei und Co. – vor.

Angelegt wurde der Fußweg bereits 1897. Seit den 1920er Jahren ist der Name »Zauberwald« für diesen wie verzaubert wirkenden Wald belegt, und er war bereits damals ein beliebtes Ausflugsziel. Heute gehört der Wald zu den schönsten Geotopen in Bayern. Hier kann man seltene erdgeschichtliche Steinformationen, glatte Felsen, Gesteinsbrocken in allen Größen, unterirdische Quellen und Steinhöhlen entdecken. Er ist auch mit Kindern ein lohnendes Ausflugsziel.

Adresse Parkplatz Zauberwald, Hinterseer Straße, 83486 Ramsau | **ÖPNV** RVO-Bus 846, Haltestelle Hintersee Zauberwald | **Anfahrt** St2099 von Ramsau Richtung Hintersee bis zum Parkplatz Seeklause | **Tipp** Die beste Zeit für die Entdeckung der Flora ist von Mai bis Juli. Einkehrmöglichkeiten gibt es direkt am Wirtshaus zum Zauberwald oder in den vielen Lokalen am Hintersee. Im Anschluss an die Rundwanderung kann man auf dem Hintersee auch Boot fahren.

77__Der Abtsdorfer See

Ein Badesee im Haarmoos

Der eine fällt durch seine akrobatischen Flugkünste und seinen weinerlichen Reviergesang auf, der andere durch seinen extrem langen und nach unten gebogenen Schnabel sowie seine Flötentöne, auf die er schnelle Triller folgen lässt. Der Dritte heißt im Volksmund »Himmelsziege« wegen seines meckernden Gesangs. Nummer vier schließlich lässt sich höchstens nachts blicken. »Krex-krex« und »errp-errp« sind die Laute dieses scheuen Vogels. Die Rede ist von Kiebitz, Großem Brachvogel, Bekassine und Wachtelkönig. Heimisch sind sie allesamt im größten Wiesenbrütergebiet Südostbayerns. Das Haarmoos ist die letzte große Streuwiesenlandschaft im Berchtesgadener Land, seit 1979 Landschaftsschutzgebiet und seit 2004 »Fauna-Flora-Habitat-Gebiet«.

Die Besucherführung durch das Moos ist ausgeklügelt. Es sind sogar Sitzgelegenheiten in Form von Wiesenbrütergelegen angelegt. Die Besucherplattform »Im Fischerhölzl« ist barrierefrei über eine Rampe erreichbar. Alles vorbildlich. Und vor allem: richtig schön.

Im Abtsdorfer See, auch Abt- oder Haarsee genannt, liegt die lang gestreckte, bewaldete Insel Burgstall. Von einer Burg der Raubritter von Kuchel aus dem Salzburger Land ist heute aber nichts mehr zu sehen. Einen unschlagbaren Vorteil hat dieser See, der nach der letzten Eiszeit durch das Abschmelzen des Salzachgletschers entstanden ist: Er gehört zu den wärmsten bayerischen Seen, und das im Berchtesgadener Land, wo Badewillige mit warmen Gewässern nicht gerade verwöhnt werden.

Sogar ohne »Krex-krex«- und »Errp-errp«-Gesänge lohnt der Rundweg um den See, denn hier wachsen allerhand seltene und geschützte Pflanzenarten wie das Rosa Kugel-Knabenkraut, die gelbe Trollblume, der rundblättrige Sonnentau und Moosbeere, Mädesüß, Baldrian oder Fieberklee. Die Feuchtwiesen werden nur ein- bis zweimal jährlich gemäht. Das Ausbringen von Dünger und Pestiziden ist verboten.

Adresse Parkplatz Seethal 10, 83416 Saaldorf-Surheim | **Anfahrt** B 20 von Freilassing Richtung Laufen, kurz vor Laufen links 1,8 Kilometer Richtung Daring, links in Kreisstraße BGL3, nach 1,5 Kilometern rechts Abtsee, Parkplatz | **Tipp** Der Rundweg durch das Moos ist asphaltiert und daher auch für Kinderwagen, Rollstuhl oder Inlineskates geeignet. Start ist der Parkplatz an der Nordostseite des Sees bei Fisching. Achtung: Bodenbrütergebiet. Deshalb sollte man von März bis August unbedingt auf den Wegen bleiben und Hunde an die Leine nehmen.

78_Steinbrünning

Ein Dorf wie im Bilderbuch

Zuerst hört man nur die Frösche quaken, dann sieht man einen Teich, der so mit Seerosen zugewachsen ist, dass sich die Blätter wie Trichter aufstellen und ineinanderschieben. Dazwischen schicken sich dicke weiße Blüten an, sich zu entfalten. Lauter weiße Nymphchen, »Nymphaea alba« heißen sie botanisch, nach einer an gebrochenem Herzen verstorbenen Nymphe, die von den Göttern zum Trost in eine Seerose verwandelt wurde. Von den Göttern ist nur einer geblieben. Er hat hier auf der Anhöhe zwischen den Teichen, die es wie ein Graben umschließen, sein Haus: die Kirche, die im 13. Jahrhundert auf dem Platz einer Burg oder eines Wehrturms errichtet wurde. Die Rede ist von einem Dorf wie im Bilderbuch, Steinbrünning, und dessen zentralem Ort, der Johannes dem Täufer geweihten Kirche.

»Steinbrünning gehörte bis 1337 den Herrn Oberndorfer, bis 1389 den Herrn Kuchlan, bis 1632 den Herrn von Nussdorf, als eine Hofmark bis 1638 den Grafen von Lodron. Die Kirche wurde im Jahre 1273 von Bischof Heinrich eingeweiht und im Jahre 1674 ausbeßert. Auf diesem Platz stand ehemals ein Schloss, das die Form eines länglichen Vierecks hatte. Vor Zeiten nannte sich dieses Dorf geradehin Brünning u. hatte schon nach Zeugniße im Jahre 800 eine eigene Kirche. In den Besitz der Güter dieser ehemaligen Vogtei teilten sich die Erzbischöfe von Salzburg und auch die Edlen von Brünning.« So steht es in einer alten Quelle.

Tonscherbenfunde lassen auf eine Besiedelung des Ortes schon in spätrömischer Zeit schließen. Wahrscheinlich ist die Lage auf einer Anhöhe dafür verantwortlich, von der sich ein phantastisches Panorama von den Salzburger über die Berchtesgadener und Chiemgauer Alpen bietet. Die Stadt Salzburg lässt sich von hier oben mitten ins Herz oder in den Nabel blicken. Was gibt es noch in Steinbrünning? Einen Maibaum, eine Musikkapelle, einen Schützenverein und den urigen Biergarten einer alten Dorfwirtschaft.

Adresse Steinbrünning, 83416 Saaldorf-Surheim | Anfahrt von Freilassing über die St2104 an der Abzweigung nach Laufen rechts in Kreisstraße BGL3 einbiegen, Beschilderung nach Steinbrünning folgen | Tipp Saaldorf ist das Zentrum des »Aperschnalzens«, ein Brauch, der im bayerischen Rupertiwinkel und im Flachgau gepflegt wird. Dabei wird mit einer bis zu vier Meter langen Peitsche mit kurzem Stiel ein rhythmisches Schnalzen und Knallen erzeugt, das den Winter vertreiben soll (»aper« = schneefrei).

79 Das Café Bazar

Das Künstlercafé an der Salzach

Anton Kuh, einer der berühmtesten Kaffeehausliteraten, schrieb 1928 über das Café Bazar: »Die Salzburger Festspiele sind der Umweg – das Bazar ist der Zweck.« Das war vielleicht nicht ganz ernst gemeint, aber ein schönes Bonmot.

Das Jugendstilcafé Bazar steht am rechten Salzachufer, neben dem Hotel Sacher und in der Nähe des Landestheaters. Und es ist eine Salzburger Institution. Jünger als das Tomaselli am Alten Markt und bei Touristen weniger bekannt, ist es das Literaten- und Künstlercafé Salzburgs. Im Gästebuch kann man lesen, wer schon alles im Café Bazar seinen Kaffee getrunken hat: Thomas Bernhard und Peter Handke, Stefan Zweig und Thomas Mann. Aber auch Sänger und Schauspielerinnen wie Marlene Dietrich oder Romy Schneider haben sich verewigt.

Die Geschichte des Cafés erzählt noch eine Besonderheit. 1909 übernahm Richard Tomaselli das Café, denn sein Bruder Otto erbte vom Vater das Traditionshaus am Alten Markt. Die Tomaselli-Ära im Bazar überdauerte das gesamte 20. Jahrhundert und endete erst vor wenigen Jahren, als sich Vera Tomaselli zur Ruhe setzte.

Im österreichischen Traditionscafé sollte man sich auch als deutscher Besucher an ein paar ungeschriebene Gesetze halten, zu denen gehört, dass man sich auch bei höchster Platznot an keinen Tisch dazusetzt. Das gilt als extrem unhöflich, denn traditionsbewusste Kaffeehausbesucher wollen im Café ungestört Zeitung lesen oder warten auf Freunde, von denen vielleicht einer zufällig vorbeikommt. Oder sie beobachten einfach die Leute, um sich inspirieren zu lassen, denn das Bazar ist auch ein Arbeitsplatz für Literaten, und die setzen sich ja auch nicht einfach an Ihren Schreibtisch und halten Sie von der Arbeit ab.

Im Sommer sitzt man im Bazar auf der Terrasse an der Salzach und genießt die feinen Kaffeespezialitäten und Mehlspeisen. Zum Frühstück wird selbst gemachte Konfitüre serviert. Unbedingt probieren!

Adresse Schwarzstraße 3, A-5020 Salzburg | ÖPNV Stadtbusse 1, 2, 3, 5, 6, RVO-Bus 840, Haltestelle Theatergasse | Anfahrt A 1, Abfahrt Salzburg West auf B1, nach 3,2 Kilometer rechts in Maxglaner Hauptstraße, geradeaus Neutorstraße, parken in den »Altstadtgaragen« | Öffnungszeiten Mo – Sa 7.30 – 19.30 Uhr, So 9 – 18 Uhr, Juli und August bis 24 Uhr, Tel. 0043662/874278 | Tipp Nach dem Cafébesuch können Sie an der Salzach entlang bis zum Mozartsteg wandern und dann hinüber in die Altstadt, in das Salzburg Museum oder zum Dom gehen oder zur Festung hinauffahren. Oder Sie erklimmen den Mönchsberg (per Lift) oder den Kapuzinerberg (per pedes) und genießen den Blick auf die Mozartstadt.

80 Die Festungsbahn

Die »Tröpferlbahn« zur Hohensalzburg

Anders als Rom ist Salzburg nicht auf sieben Hügeln, sondern zwischen sieben Bergen erbaut. Das Wahrzeichen der Stadt, die gewaltige und weithin sichtbare Festung Hohensalzburg, steht auf einem dieser Berge, dem Festungsberg.

Welche Schinderei damit verbunden war, Baumaterial und Dinge des täglichen Bedarfs dort hinaufzuschleppen, kann man sich ausmalen, wenn man inmitten der Stadt steht und nach oben schaut. So gab es schon um 1515 einen Aufzug, der allerdings durch die Muskelkraft von Pferden, mitunter auch von Sträflingen, betrieben wurde. Der sogenannte »Reißzug« führt bis heute vom Stift Nonnberg im Osten zur Festung hinauf. Er wird ausschließlich zum Materialtransport verwendet.

Durch den aufkommenden Tourismus ermutigt, errichtete die »Salzburger Eisenbahn- und Tramway-Gesellschaft« Ende des 19. Jahrhunderts einen neuen Aufzug, der als Standseilbahn von der Festungsgasse nahe dem Kapitelplatz direkt zur Hohensalzburg führt. Zur Talstation wurde das von Michael Haydn bis zu seinem Tod 1806 bewohnte Haus umgebaut, eine Steintafel an der Außenmauer erinnert an den Komponisten. Bis 1959 wurde die Bahn als Wasserballast-Pendelbahn betrieben. Das bedeutet, dass Tanks des jeweils oberen Wagens mit Wasser gefüllt wurden. Durch dieses Zusatzgewicht konnte der untere Wagen über ein verbundenes Stahlseil nach oben gezogen werden. Bei Frost funktionierte das Prinzip der im Volksmund sogenannten »Tröpferlbahn« allerdings nicht, sodass sie im Winter nicht fahren konnte. 1959 wurde die Bahn elektrifiziert und zuletzt 2011 modernisiert. Die neuen Wagen mit ihren großen Panoramafenstern eröffnen schon während der 200 Meter Fahrtstrecke zur 100 Meter über der Stadt liegenden Festung sensationelle Ausblicke – ein besonderes Erlebnis, vergleichbar nur mit der Fahrt in anderen großen Stadtaufzügen wie zum Beispiel in Lissabon, Porto oder San Francisco.

Adresse Festungsgasse 4, A-5020 Salzburg | **ÖPNV** Stadtbusse 1, 2, 3, 5, 6, RVO-Bus 840, Haltestelle Rathaus oder Mozartsteg/Rudolfskai | **Anfahrt** A 1, Abfahrt Salzburg West auf die B1, nach 3,2 Kilometern rechts in die Maxglaner Hauptstraße, geradeaus Neutorstraße, parken in den »Altstadtgaragen« | **Öffnungszeiten** 9–17 Uhr, Sommermonate bis 20 Uhr, Juli und August bis 22 Uhr | **Tipp** Neben der Talstation wurde ein Stück des historischen Almkanals, eines Salzburger Stadtbaches, für die Öffentlichkeit zugänglich gemacht. Der interessante Wasserlehrpfad nennt sich »Almpassage« und ist für Besucher und Fahrgäste geöffnet, Eintritt frei.

81 Der Gaisberg

Ein Blitzberg

Unübersehbar ragt der Kegel des Gaisbergs mit seinen 1.287 Metern östlich von Salzburg empor. Als markanter und höchster Punkt steht er schon fast im Flachland und ist doch so hoch, dass er zu den Alpen gerechnet wird. Das keltische Wort Gais, das so viel wie »tabu« und »heilig« bedeutet, ist wohl der Ursprung seines Namens. Belegt wird dies durch den Fund zweier ritueller Schalensteine im Gipfelbereich.

Seit mehr als 150 Jahren ist der Gaisberg kein verbotener Berg mehr. Damals wurde der erste Weg angelegt, und man konnte zu Fuß den Gipfel erreichen oder sich von Sesselträgern, die ihr Quartier in Parsch hatten, bequem nach oben tragen lassen. 1887 wurde eine Zahnradbahn auf den Gipfel gebaut, die bis 1928 in Betrieb war und dann dem Bau der Gaisbergstraße weichen musste. Auch einen Sessellift gab es am Gaisberg, der seit 1972 Geschichte ist.

Heute fährt man mit dem Fahrrad, dem Auto oder dem Linienbus direkt vom Mirabellplatz im Herzen Salzburgs auf die Gaisbergspitze.

Seine eigentliche Attraktion ist die grandiose Fernsicht. Nach Nordosten hin sieht man an Föhntagen bis zum 200 Kilometer entfernten Bayerischen Wald, nach Süden ins Steinerne Meer und dahinter auf die immerweiße Bergkette der Zentralalpen. Im Südosten präsentiert sich der Dachstein mit seinen drei Gletschern dem Betrachter. Scheinbar direkt unterhalb des Bergs liegen der Trumer- und Wallersee und westlich die Stadt Salzburg, in der man mit einem Fernglas fast die Menschen durch die Gassen laufen sieht.

Internationale Bedeutung erlangte der Gaisberg durch seinen in den 1950er Jahren errichteten Sender, dessen Spitze 100 Meter in den Himmel ragt und heute eine Anlage zur Erforschung von Blitzen beherbergt. 23 Staaten beteiligen sich an der Forschung. Aufgrund seiner exponierten Lage schlagen jährlich mehr als 50 Blitze auf dem Gaisberg ein, aber nur zu Forschungszwecken.

Adresse Gaisberg 1, A-5020 Salzburg; www.gaisberg.at | **ÖPNV** Stadtbus 151, Haltestelle Gaisberg | **Anfahrt** A 1 Ausfahrt 288 Salzburg, Beschilderung B150/Salzburg 2,7 Kilometer folgen, links Sterneckstraße 650 Meter, links Linzer Bundesstraße, Minnesheimstraße, rechts halten, Wolfgangsee Straße 3,9 Kilometer folgen, rechts Gaisberg Landstraße bis Gipfel | **Tipp** Im Winter werden auf dem Berg Langlaufloipen gespurt, und bei genügend Schnee wird er auch als Skitourenberg genutzt.

82__Die Hellbrunner Wasserspiele

Dunkle Schatten meiden!

Riesige schwarze Fische schwimmen in drei durch einen Kanal verbundene Becken und setzen die Besucher der Hellbrunner Wasserspiele in Erstaunen. Den Hausen, der seit jeher in der Donau und deren Nebenflüssen vom Schwarzen Meer zum Laichen aufwärtszog, gibt es in der Natur kaum mehr zu sehen. Zu verbaut ist die Donau, zu überfischt sein Lebensraum. Bis zu sechs Meter lang und über eine Tonne schwer waren die größten Exemplare. Sie können über 100 Jahre alt werden. Natürlich geht es bei den Wasserspielen nicht um die Hausen, obwohl von ihnen eine ganz besondere Faszination ausgeht. Die Tradition, große, in der Salzach gefangene Hausen auszustellen, begründete der Salzburger Fürsterzbischof Markus Sittikus, der sich zur Unterhaltung seiner Gäste und aus Prahlerei um 1615 diese Wasserspiele bauen ließ.

Vorbei an den Hausen betritt man ein Theatrum, in dessen Zentrum der steinerne Fürstentisch steht. Von seinem Sitzplatz aus konnte der Fürst Wasser aus zahlreichen Düsen schießen lassen, sodass seinen Gästen keine Chance blieb, trocken zu bleiben. Meiden Sie während der Führung die dunklen Stellen am Boden, wenn Sie keinen Wert auf eine kalte Dusche von unten legen. Wie phantasievoll die Konstrukteure waren, sieht man auch an einem Dutzend weiterer Stationen. Es gibt einen Weinkeller mit raffinierter Sprinkleranlage, verschiedene Brunnen, die nicht nur ins Becken spritzen, sowie eine ganze Modellstadt, in der zahllose Figuren und Geräte, von Wasserkraft angetrieben, ihren Alltagsbeschäftigungen nachgehen.

Nirgendwo sonst gibt es vergleichbare Wasserspiele. Vielleicht noch eindringlicher bleiben aber die Wunderwerke der Natur im Gedächtnis, die mit beispielloser Eleganz durchs Wasser ziehen und für die man sich wünscht, dass ihnen das Schicksal erspart bleibt, irgendwann die Einzigen ihrer Art zu sein.

Adresse Lustschloss Hellbrunn, Fürstenweg 37, A-5020 Salzburg; www.hellbrunn.at | ÖPNV Bus 25, Haltestelle Schloss Hellbrunn-Fürstenweg | Anfahrt A 10, Ausfahrt Anif, Beschilderung Anif 2,1 Kilometer folgen, links 1,5 Kilometer auf Hellbrunner Straße, geradeaus Hellbrunner Park 450 Meter, rechts auf Fürstenweg, 250 Meter zum Parkplatz | Öffnungszeiten täglich, April, Okt., Nov. 9–16.30 Uhr; Mai, Juni, Sept. 9–17.30 Uhr; Juli, Aug. 9–21 Uhr | Tipp Ein 15-minütiger Fußweg führt hinauf zum Monatsschlössl, das ein kleines Volkskundemuseum beherbergt. Vom Schlössl aus sind es auch nur wenige Gehminuten zum Salzburger Zoo Hellbrunn.

83 Das Museum der Moderne

Speisen unter Lusterweibchen

Seit mehr als 100 Jahren ist der Ort, an dem heute das Museum auf dem Mönchsberg steht, mit dem Begriff »modern« verbunden. 1890 eröffnete hier die Restauration »Elektrischer Aufzug«, die als Sensation galt. Der vom Privatbankier Karl Leitner errichtete elektrisch betriebene Panoramaaufzug auf den Mönchsberg war mit 60 Metern Höhe der höchste Aufzug Europas und bis nach Amerika bekannt. Aufzug und Restaurant waren bis 1947 in Betrieb. Dann wurde hier das berühmte Café Winkler eröffnet, das nicht nur als modern galt, sondern auch ein bisschen als verrucht, und zwar nach einem Vorfall vom 27. Oktober 1950, als eine junge Frau nach der Sperrstunde hier nackt tanzte, von der Polizei verhaftet und wegen Verletzung der Sittlichkeit zu zehn Tagen strenger Haft verurteilt wurde. Ende der 1970er Jahre bezog das Casino Salzburg hier Quartier und mit ihm das berühmte Sattler-Panorama. Und als das Casino in den 1990er Jahren endlich ins Schloss Klessheim zog, gab es hier Platz zur Errichtung des Museums der Moderne (MdM).

Das Museum am Mönchsberg ist neben dem Rupertinum in der Altstadt das zweite Haus des MdM. Es wurde 2004 nach einem Entwurf der Architekten Friedrich, Hoff und Zwink errichtet. Sieht man von der Stadt aus das elegant wirkende Gebäude, dessen helle Fassade mit Untersberg-Marmor verkleidet ist, entsteht ganz von selbst der Wunsch hinaufzufahren, schon allein wegen der herrlichen Aussicht über die Stadt. Bedeutende internationale Ausstellungen, ein besonderes Flair und die Prominenz des Standorts machen einen Besuch fast schon zur Pflicht. Ansprechend, aber nicht überkandidelt ist auch das Restaurant, dessen Innenausstattung Matteo Thun gestaltete und das mit 390 an die Betondecke gehängten Hirschgeweihen, vom Künstler »Lusterweibchen« genannt, Furore macht und über eine große Terrasse verfügt: ein Logenplatz im Freiluftmuseum Salzburg.

Adresse Mönchsberg 32, A-5020 Salzburg; www.museumdermoderne.at | ÖPNV Stadtbusse 1, 4, 8, 22, Haltestelle Mönchsbergaufzug | Anfahrt A 1, Abfahrt Salzburg West auf die B1, nach 3,2 Kilometern rechts in Maxglaner Hauptstraße, geradeaus Neutorstraße, parken in den »Altstadtgaragen« | Öffnungszeiten Di, Do–So 10–18 Uhr, Mi 10–20 Uhr | Tipp Eine tolle Aussicht bietet sich beim »KunstFrühstück« oder »KunstSnack« im MdM hinter schützenden Panoramafenstern oder auf der Terrasse. Man profitiert dabei von günstigen Kombipreisen für Aufzug, Eintritt und Kulinarik in angenehmem Ambiente.

84_Das Panorama Museum

Voyeure willkommen

Der Raum misst kaum 20 Quadratmeter, und doch stehen vier Personen dort, ein Messingfernrohr in der Hand, und suchen die Stadt ab nach Orten, Szenen und Personen, die sie in ihrem Alltag beobachten können. Keines der 1.000 Fenster ist vor ihren Blicken sicher, kein Busch, hinter dem sich ein Pärchen zum Picknick niedergelassen hat, und auch nicht der Platz, über den eine Trauergesellschaft hinter einem Sarg hergeht. Jetzt sind sie alle tot. Auch das blonde Mädchen, der Jagdhund und der Pfarrer, der den Trauerzug anführt, sowieso.

Das ist besser als Google Street View, aber fast 200 Jahre alt. So lang ist es her, dass Johann Michael Sattler (1786–1847) diese Szenen und die Stadt in dem gigantischen Rundgemälde festhielt, das seit 2005 im eigens dafür errichteten Panorama Museum zu bestaunen ist. Das weltberühmte Panoramagemälde ist rund 26 Meter lang und fast fünf Meter hoch und wird in seiner vollen Größe und im Original an der Wand des runden Ausstellungsraums präsentiert. Man steht als Besucher in der Mitte auf einer Empore mit vier Fernrohren, mit denen man jedes Detail des Gemäldes betrachten kann.

Und so taucht man schon nach wenigen Minuten ein in eine Welt, wie sie fast 200 Jahre vor der unseren existiert hat, und es könnte sein, dass einen ein bisschen Wehmut darüber befällt, dass man nicht hingehen kann zu den kleinen Menschen, um sie zu befragen, wie sie gelebt haben, sich nicht zu dem Hündchen bücken kann, um ihm übers Fell zu streicheln, oder die Füße in den eiskalten Fluss stecken, der nicht wie heute in ein enges Korsett gezwängt ist, sondern frei ausufern und mäandern darf.

Sattler hat die ganze Welt bereist, und auf 24 sogenannten Kosmoramen hat er seine Heimat Salzburg und Städte der ganzen Welt detailgetreu abgebildet. Und er ist mit seinen Bildern durch ganz Europa gereist und hat seine Zeitgenossen phantastische Fernreisen im Kopf erleben lassen.

Adresse Residenzplatz 9, A-5020 Salzburg; www.salzburgmuseum.at | ÖPNV Stadtbusse 1, 2, 3, 5, 6, RVO-Bus 840, Haltestelle Rathaus oder Mozartsteg/Rudolfskai | Anfahrt A 1, Abfahrt Salzburg West auf die B1, nach 3,2 Kilometern rechts in Maxglaner Hauptstraße, geradeaus Neutorstraße, parken in den »Altstadtgaragen« | Öffnungszeiten Mo–So 9–17 Uhr, Do 18 Uhr Abendführung | Tipp Neben der Dauerausstellung »Mythos Salzburg« und dem Glockenspiel verfügt das Salzburg Museum in der prachtvoll renovierten »Neuen Residenz« über 3.000 Quadratmeter Ausstellungsfläche für wechselnde Sonderausstellungen.

85_Der St. Petersfriedhof

Katakomben im Berg

Eigentlich sind die Salzburger Katakomben streng genommen keine echten, auch wenn sie so heißen. Sie sind weder unterirdisch noch als Grabstätten angelegt, sondern hinter dem Petersfriedhof in den Fels des Mönchsbergs gehauene Höhlen, die zum Teil Eremiten als Behausungen dienten, zum Teil frühchristliche Andachtsräume waren. Ihre korrekte Bezeichnung lautet »Eremitorium«.

Von der »Felseneinsamkeit« und »des Todes bleichen Blumen«, die der unglückliche Salzburger Dichter Georg Trakl (1887–1914) besang, ist heute nicht mehr viel zu spüren. Der Petersfriedhof ist der älteste Salzburger Friedhof, vielleicht einer der ältesten, die überhaupt erhalten sind. Schon vor dem Jahr 700, im Frühmittelalter, gab es hier einen Friedhof, anfangs nur für die Mönche des Petersklosters, später wurde er für alle geöffnet. Es liegen einige prominente Verstorbene hier wie Michael Haydn, der jüngere Bruder von Joseph Haydn – in der Gruft beim Aufgang zu den Katakomben –, Maria Anna von Berchtold zu Sonnenburg, besser bekannt als Mozarts Schwester »Nannerl«, ein Salzburger Hofmaler, ein Dombaumeister, ein Bürgermeister der Stadt und der Konditor Fürst, der die Mozartkugel erfunden hat. Manche Gräber haben schlichte schmiedeeiserne Kreuze, andere sind Marmorgruften. Der heutige Betrachter steht auf einem engen Platz inmitten der historischen Salzburger Altstadt am Fuße des Festungsbergs. Vor dem Friedhof rauscht der abgezweigte Arm des Almbachs hinunter zur ehemaligen Mühle und ältesten Bäckerei der Stadt, die heute noch in Betrieb ist, die Stiftsbäckerei St. Peter.

Was uns heute berührt, ist gerade diese Enge auf dem Friedhof, das Verwinkelte und Verschachtelte und die Vielfalt. So verschieden wie die Gräber sind auch die Persönlichkeiten, die hier ihre letzte Ruhe fanden. Ein buntes Völkchen liegt hier zusammen, ganz anders als auf unseren heutigen Friedhöfen, die viel Platz bieten und fast ebenso viel Monotonie.

Adresse Erzabtei St. Peter, St. Peter-Bezirk 1, A-5010 Salzburg; www.stift-stpeter.at | **ÖPNV** Stadtbusse 1, 2, 3, 5, 6, RVO-Bus 840, Haltestelle Rathaus oder Mozartsteg/ Rudolfskai | **Anfahrt** A 1, Abfahrt Salzburg West auf die B1, nach 3,2 Kilometern rechts in Maxglaner Hauptstraße, geradeaus Neutorstraße, parken in den »Altstadtgaragen« | **Öffnungszeiten** Katakomben Mai–Sept. täglich 10–18 Uhr; Okt.–April täglich 10–17 Uhr; | **Tipp** Die Erzabtei St. Peter ist das älteste bestehende Kloster im deutschen Sprachraum, sie bildet in Salzburg einen eigenen Bezirk, den St.-Peter-Bezirk. Sehenswert sind die Stiftskirche und der noble Stiftskeller St. Peter, der sich älteste Gaststätte Mitteleuropas nennt.

86 Die Staatsbrücke

Brücke Nummer zehn

Über sie flanieren Japaner, die in Salzburg unglücklicherweise den Stephansdom suchen, schwarz verhüllte Frauen mit dunklen Mandelaugen, reiche Touristen aus dem Morgenland, die sich beim Fiaker erkundigen, wer denn dieser Mozart sei, der überall in der Stadt abgebildet ist, vor allem auf diesen Schokoladenkugeln, die es überall zu kaufen gibt. Und natürlich die Salzburger selbst.

Sie verbindet die Altstadt mit der Neustadt am rechten Salzachufer. Drüben die Getreidegasse mit H&M, Zara, Mango und McDonald's, herüben das »Platzl« mit seinen Straßencafés, das Hotel Stein mit der berühmten Dachterrasse, die Linzer Gasse und der Aufgang zum Kapuzinerberg. Die Rede ist von der Staatsbrücke, der zehnten Salzach-Bücke an dieser Stelle seit dem Mittelalter. Die neunte von vor dem Zweiten Weltkrieg war eine eiserne Fachwerkbrücke wie die in Laufen, aus staatlichen Mitteln finanziert, deshalb der Name »Staatsbrücke«. Doch sie hielt dem zunehmenden Verkehr von Fuhrwerken, Automobilen und der elektrischen Straßenbahn nicht mehr stand. Die neue Brücke wurde von 1941 bis 1945 zunächst von sogenannten Fremdarbeitern, später von hunderten hauptsächlich russischen Kriegsgefangenen und Zwangsarbeitern errichtet.

Feierlich eröffnet wurde die Brücke 1949. An die Erbauer wollte sich in der Nachkriegszeit niemand mehr so richtig erinnern, ein dem Zeitgeist entsprechender partieller Gedächtnisverlust. Fast 60 Jahre dauerte es, bis man sich wieder auch offiziell an sie erinnerte.

Wer sucht, findet heute eine Gedenktafel an der Brücke, auf der rechten Platzl-Seite: »Zum Gedenken an die hunderten Kriegsgefangenen und Zwangsarbeiter, die von 1941 bis 1945 gegen ihren Willen und unter großen Opfern an der Errichtung dieser Brücke arbeiten mussten – die Stadt Salzburg aus Anlass der Brückensanierung 2007.«

Adresse Staatsbrücke, A-5020 Salzburg | **ÖPNV** Stadtbusse 1, 2, 3, 5, 6, RVO-Bus 840, Haltestelle Rathaus | **Anfahrt** A 1, Abfahrt Salzburg West auf die B1, nach 3,2 Kilometern rechts in Maxglaner Hauptstraße, geradeaus Neutorstraße, parken in den »Altstadtgaragen« | **Tipp** Gleich nebenan gibt es zwei Fußgängerbrücken: flussaufwärts den Mozartsteg (Jugendstil, 1903), flussabwärts den Makartsteg hinüber zur Neustadt, an dessen Geländer Verliebte gern ihre Vorhängeschlösser als Zeichen ewiger Liebe zurücklassen.

87_Die Stolpersteine

Eine Familie aus der Linzer Gasse 5

»Stolperstein« ist ein großer Name für eine Messingplatte mit zehn mal zehn Zentimetern Kantenlänge, die auf einen Pflasterstein aufgebracht und in den Boden eingelassen wird. Nur wer aufmerksam durch die Stadt geht, bemerkt sie überhaupt. Man stolpert nicht mit den Füßen darüber, sondern nur mit dem Geist und vielleicht mit dem Herzen. Man hält inne, bückt sich, um die Inschrift auf dem glänzenden Messing zu lesen, und wird erinnert an einen oder mehrere Menschen, die hier, genau an dieser Stelle, einmal gewohnt haben, 70 Jahre vor uns. Sie haben hier gelebt, gearbeitet, geliebt, geweint, gelacht, bis sie eines Tages nicht mehr dazugehörten. Bis man sie verfolgte, aus ihren Häusern holte, in einen Zug setzte und in eines der Konzentrations- oder Vernichtungslager im Osten verschleppte.

Bis heute wurden, von Deutschland ausgehend, über 30.000 Stolpersteine in ganz Europa verlegt. Damit gilt diese Aktion als größtes dezentrales Mahnmal weltweit. In Salzburg ist es eine Initiative von Privatpersonen, die mit Unterstützung der Stadt Salzburg bisher 129 Stolpersteine verlegt hat. Jeder kann mit einer Spende dazu beitragen, dass die Verfolgten, die in den Konzentrationslagern zu Nummern degradiert wurden, ihre Namen zurückbekommen.

In der Linzer Gasse 5, nur 200 Meter von der Staatsbrücke und vom Platzl entfernt, wohnten der Angestellte Ernst Löwy und seine Frau Ida Löwy, geborene Pick, in einer Wohnung im dritten Stock. 1926 kam ihr Sohn Herbert Löwy in Salzburg zur Welt. Bis 1938 lebte die Familie in der Linzer Gasse, dann floh sie nach Prag, von wo aus sie 1942 nach Theresienstadt und 1943 nach Auschwitz deportiert und ermordet wurde. Ihre genauen Todesdaten sind nicht bekannt. Die Eigentümer des Hauses Linzer Gasse 5, die jüdische Familie Fürst, wurde 1939 enteignet, Läden und Wohnungen »arisiert«. Einigen von ihnen gelang die Flucht nach Amerika und damit das Überleben.

Adresse Linzer Gasse 5, A-5020 Salzburg; www.stolpersteine-salzburg.at | **ÖPNV** Stadtbusse 1, 2, 3, 5, 6, RVO-Bus 840, Haltestelle Rathaus | **Anfahrt** A 1, Abfahrt Salzburg West auf die B1, nach 3,2 Kilometern rechts in Maxglaner Hauptstraße, geradeaus Neutorstraße, parken in den »Altstadtgaragen« | **Tipp** Ein Stück weiter die Linzer Gasse hinauf kommt man zum ganz umbauten Sebastiansfriedhof, der bereits im 16. Jahrhundert in der Art eines italienischen Campo Santo angelegt wurde.

88 Das Tomaselli

Café mit Kuchendame

Augen auf und die Phantasie schweifen lassen, dann kann man fast das Rascheln eines bauschigen Seidenrocks hören, dessen Trägerin gerade im Damensalon verschwindet, oder man riecht noch etwas Puder von Wolfgang Amadeus Mozarts weißer Stutzperücke. Der gebürtige Salzburger beliebte hier Mandelmilch zu trinken, wie es heißt. Die Geschichte des Kaffeehauses am Alten Markt geht bis ins Jahr 1705 zurück. Es ist das älteste original Wiener Kaffeehaus in Österreich. Die Tomasellis, eine Musikerfamilie aus Mailand, erwarben es 1852. Mitten in der Altstadt gelegen, war es von Anfang an ein kultureller Treffpunkt in Salzburg.

Die dunklen Holzstühle mit den geflochtenen Rücken, die holzvertäfelten Wände, die Säulen, die die Gewölbedecke tragen, und vor allem die Ständer für die an langen Holzstäben befestigten Zeitungen verbreiten eine gediegene, elegante Atmosphäre. Echte Kaffeehaus-Ober mit weißem Hemd und schwarzer Fliege, im Winter gar im Smoking, umsorgen die Gäste. Eine Kuchendame mit weißer rüschenverzierter Schürze bietet die Köstlichkeiten des Hauses auf ihrem Silbertablett an – allesamt auch eine Augenweide: Sachertorte, Nusstorte, Cremeschnitte, Erdbeerroulade, Salzburger Nockerlschnitte … Nur Stammgäste kennen sie alle.

Zur Mehlspeise eine Kaffeespezialität: Eine »Melange« – Mokka mit heißer Milch und einer Schlagobershaube –, einen »Verlängerten«, das ist ein »kleiner Brauner« (Mokka), der mit der doppelten Menge Wasser gebrüht wird, oder einen »Einspänner«, das wäre ein »großer Brauner« (doppelter Mokka) mit Schlagobers. Wer sie alle probieren will, muss öfters kommen. Im Sommer bietet sich die Terrasse zum Alten Markt hinaus mit den hübschen Sonnenschirmen im Parterre und im ersten Stock an – ein einmaliger Beobachtungsposten im Herzen Salzburgs, von dem man mitunter auch einen Blick auf den ein oder anderen Promi erhaschen kann, nicht nur zur Festspielzeit.

Adresse Alter Markt 9, A-5020 Salzburg; www.tomaselli.at | **ÖPNV** Stadtbusse 3, 5, 6, 7, 8, 14, 20, 25, 28, RVO-Bus 840, Haltestelle Rathaus | **Anfahrt** A 1, Abfahrt Salzburg West auf die B1, nach 3,2 Kilometern rechts in Maxglaner Hauptstraße, geradeaus Neutorstraße, parken in den »Altstadtgaragen« | **Öffnungszeiten** Mo–Sa 7–19 Uhr, So, feiertags 8–19 Uhr, während der Festspielzeit bis 21 Uhr | **Tipp** Der Tomaselli-Kiosk liegt dem Kaffeehaus gegenüber. Um ihn herum sind in einem kleinen schattigen Park Tische aufgestellt, was an Sonnentagen eine echte Alternative ist.

89__Der Universitätsgarten

Inkagurken und Fleischfresser

Hinter dem Gebäude der Naturwissenschaftlichen Fakultät der Universität Salzburg an der Hellbrunner Straße gibt es einen für jeden zugänglichen Park, der vor allem durch seine Offenheit und seine modernen klaren Linien besticht. Keine Brunnen, kein Marmor, keine Putten, keine Zwerge, keine leuchtenden Blumenrabatten. Dafür offene Landschaft, ein fast rechteckiger, von Fischen und Wasservögeln in Besitz genommener Teich, Rasenflächen, die in das Wiesengelände von Freisaal bis zum Stadtteil Nonntal übergehen. Nordwestlich thront die Hohensalzburg weiß über der Ebene. Eine Studentin sitzt unter einer riesigen Eiche über ihren Büchern. Die Sonne steht tief im Westen. Am südlichen Ende dieses großstädtischen Ensembles gibt es eine weitere unaufgeregte Sehenswürdigkeit: den Botanischen Garten des Fachbereichs Organismische Biologie, was auch immer das bedeuten mag.

Einen Hektar groß ist dieser Garten, und er wird von einem Bachlauf durchzogen. Etwa 650 Arten von Pflanzen sind in Schaugruppen mit unterschiedlichen Themen wie »Pflanzenwelt der Moore«, »Alpinum«, »Trockenrasen«, »Bachaue« oder »Salzburger Apotheker-Kräutergarten« angeordnet. Das Gewächshaus mit seiner Orchideensammlung ist wie die 3.000 Samen und Früchte umfassende Trockensammlung dem wissenschaftlichen Interesse vorbehalten.

Doch auch so gibt es genug zu sehen: Von der historischen Bauerngartenanlage über den Kanarischen Drachenbaum und die Inkagurke, die zu den Kürbisgewächsen zählt, bis zu den leuchtend pinkfarbenen und grünen Fleischfressern. Ein Hochbeet ist hier angelegt und eine Kräuterspirale. Man kann schlendern und zuschauen, wie Frösche ins Wasser platschen. Man kann auf Holzbänken Platz nehmen und sich vorkommen wie in Großmutters Nutz- und Ziergarten oder unter zugewachsenen Lauben wandeln und Rosen, Rhododendren und Azaleen betrachten wie weiland Goethe in seinem Gartenhaus an der Ilm.

Adresse Hellbrunner Straße 34, A-5020 Salzburg | **ÖPNV** Stadtbus 22, Haltestelle Bocksbergerstraße | **Anfahrt** A 10, Ausfahrt Salzburg Süd/Anif, links Richtung Salzburg, 6,7 Kilometer auf Alpenstraße, links in Friedensstraße, rechts in Hofhaymer Allee, geradeaus auf Hellbrunner Straße | **Öffnungszeiten** Botanischer Garten Mai–Sept. Di–So 10–18 Uhr, Eintritt frei, zweimal pro Monat Führungen, durch Aushang am Botanischen Garten angekündigt | **Tipp** In unmittelbarer Nähe der Naturwissenschaftlichen Fakultät liegt das ehemalige Lustschloss Freisaal inmitten eines Weihers. Es befindet sich in Privatbesitz und ist nicht öffentlich zugänglich, als historisches Ensemble und wegen seiner Lage mit Blick auf den Festungsberg ist es dennoch sehr sehenswert.

90_Der Zwergelgarten

Gartenzwerge ganz kitschfrei

Abseits der Touristenströme, die das Schloss Mirabell und seinen berühmten Barockgarten wie Wespenschwärme heimsuchen, haben sie einen eigenen Garten erhalten, die 15 versprengten Salzburger »Zwergel«, die zurückgekehrt sind und nun hier im Bastionsgarten stehen. Vom Vogelhaus unterhalb des Rosenhügels führt eine Holzbrücke hinüber in den Bastionsgarten mit hohen schattenspendenden Bäumen, Bänken zum Ausruhen und Staunen und einem Rundweg, auf dem man an den grotesken Zwergen vorbeidefiliert, die gar nichts Putziges haben und wenig Verwandtschaft zum gemeinen Gartenzwerg aufweisen.

Sie wurden um 1690 aus weißem Untersberg-Marmor geschaffen und weiter unten im Mirabellpark, dort, wo heute der schöne Zauberflöten-Spielplatz ist, aufgestellt. 28 waren sie einst und entsprachen der barocken Lust am Kuriosen, Seltsamen, Besonderen, das keine Berührungsängste zum Abstrusen kannte. Das Zwergenkabinett stellt kleinwüchsige Menschen, Männer, Frauen, Jüngere, Ältere, in alltäglichen Posen dar oder auch grotesk wie Hofnarren die Zunge herausstreckend. Das hat man nicht erwartet von einem niedlichen Zwergerlgarten, und das berührt einen auf eigenartige Weise. Fast fühlt man sich ein bisschen unwohl, wie ein Voyeur, der ein Gruselkabinett betritt. Doch dann entdeckt man die Persönlichkeiten in den Gesichtern und Körperhaltungen. Da ist die Frau mit dem Obst in der Schürze, der Mann mit dem Holzbein und der mit der Feder am Hut.

Was wir heute sehen, sind 15 der ursprünglich 28 Zwerge, die in Bayern und Österreich wiedergefunden, zurückgekauft und behutsam restauriert wurden. Dem späteren Zeitgeist entsprach diese etwas derbe Parkgestaltung nicht mehr, und so wurden die Zwerge ab 1811 versteigert. Erst ab 1921 kaufte man einzelne zurück und stellte sie an ihrem heutigen Platz im Bastionsgarten auf. Touristen trifft man hier nicht viele, dank mangelnder Beschilderung. Man kann also ganz still und für sich den uralten Zwergen Gesellschaft leisten.

Adresse Mirabellplatz 4, A-5020 Salzburg | **ÖPNV** Stadtbusse 1, 2, 3, 5, 6, 14, RVO-Bus 840, Haltestelle Mirabellplatz | **Anfahrt** A 1, Abfahrt Salzburg West auf die B1, nach 3,2 Kilometern rechts in Maxglaner Hauptstraße, geradeaus Neutorstraße, parken in den »Altstadtgaragen« | **Öffnungszeiten** Mirabellpark und Bastionsgarten täglich 6 Uhr bis Einbruch der Dunkelheit, Eintritt frei | **Tipp** Weitere Highlights des Mirabellparks sind das Labyrinth mit dem Heckentheater, eines der ältesten deutschen Freilichttheater, und das Schloss Mirabell mit dem berühmten Marmorsaal und der Engelsstiege.

91 Die Himmelsleiter

Ein bayerisches Industriedenkmal

Zu Beginn des 17. Jahrhunderts waren Reichenhall und Umgebung eine Industrieregion von europäischem Rang. Grund dafür waren Solequellen, aus denen in einem industriellen Prozess Salz gewonnen wurde.

Der Energiehunger der Salinen war gewaltig, und nahezu alle Wälder im weiten Umkreis wurden dafür abgeholzt. Jedermann brauchte Salz und ganz besonders die bayerischen Kurfürsten, denn die Salzindustrie lieferte den größten Beitrag zum Staatshaushalt. Deshalb entschlossen sich die Fürsten zu einem industriellen Großprojekt, um ihre Einnahmen zu sichern. Eine Pipeline für die Sole nach Traunstein musste her, denn dort gab es noch Wald.

Die erste »Fernpipeline« der Neuzeit überwand 31 Kilometer und Bergaufstrecken von über 300 Metern. Der Hofbaumeister Hans Reiffenstuel musste erst geeignete Pumpanlagen erfinden und entlang der Soleleitung installieren, damit diese Herausforderung gemeistert werden konnte. Die mächtigste dieser Anlagen wurde über Weißbach errichtet. Um die Pumpstationen schnell erreichen zu können, wurde eine Leiter an den Berg gebaut, die nach der Modernisierung zu Beginn des 19. Jahrhunderts über 500 Stahlstufen hatte und so den schnellen Zugang zur Pumpstation sicherstellte.

Heute hat die Leiter nur noch 444 Stufen, da die ersten 40 Meter der Himmelsleiter mit einer Liegenschaft in Privatbesitz übergingen, heute nicht mehr zugänglich sind und umgangen werden müssen. An Bedeutung hat dieses Industriedenkmal dadurch nicht eingebüßt, und wenn man die Leiter nach oben zu schnell angeht, dann spürt man spätestens auf halber Strecke in Höhe des mittleren Pumpenhäuschens, dass auch 444 Stufen auf dem Weg zum Himmel nicht ganz nebenbei bewältigt werden. Trotzdem lohnt sich der Aufstieg, nicht nur aus industriegeschichtlichem Interesse. Besonders bei schönem Wetter ist die Aussicht, die sich von oben präsentiert, die Anstrengung jeder erstiegenen Stufe wert.

Adresse Inzeller Straße 36, 83458 Schneizlreuth | **ÖPNV** RVO-Bus 9526, Haltestelle Himmelsleiter | **Anfahrt** St2101 von Bad Reichenhall, nach 5,6 Kilometern geradeaus auf B 305, nach 4,8 Kilometer rechts | **Tipp** Von Schneizlreuth aus zu Fuß oder mit dem Auto auf der Deutschen Alpenstraße (B 305) erreichen Sie die Weißbachfälle und einen bei Straßenarbeiten freigelegten »Gletschergarten«, in dem Gletscherschliffe einstiger Eismassen im Fels zu sehen sind. Im Navi »Weißbach bei Schneizlreuth«, nicht Weißbach bei Lofer eingeben.

92_Schneizlreuth

Ort mit Schönheitskönigin

Schneizlreuth hat nur 1.500 Einwohner, aber eine Königin, die »Schönheitskönigin von Schneizlreuth«, die in München-Schwabing geboren wurde und dort zeitlebens wohnte. Nur einmal war sie in Schneizlreuth, zum 400-jährigen Dorfjubiläum 1955. Da kam die Münchner Volkssängerin Bally Prell zum Singen und Mitfeiern. »Ich, die Schneizlreutherin, bin Schönheitskönigin! / Ja, ja, jaja jaja ja, / dass dieses Wunder geschah, / das allein verdank ich nur / meiner zierlichen Figur«, sang das Münchner Original vom Platzl, dem Zierlichkeit genauso fremd war wie die deutsche Schriftsprache. Ein echtes Münchner Kindl machte Werbung für diesen Ort an der Wegkreuzung zwischen Inzell und Bad Reichenhall auf der bayerischen und Lofer auf der österreichischen Seite. Am Weißbach gelegen, der bald in die Saalach mündet, und von allen Seiten mit Bergen umgeben.

Bally Prell starb 1982. Ein Denkmal hat man ihr in Schwabing vor ihrem Wohnhaus gesetzt, nicht in Schneizlreuth. Hier hat das Kriegerdenkmal 2011 Gesellschaft in Form eines Schlachtendenkmals bekommen. Es soll an die Schlacht der verbündeten Bayern und Franzosen am Bodenbühl gegen die Tiroler im Jahr 1800 erinnern und zum Frieden mahnen.

So richtig der Bär los ist in Schneizlreuth eher nicht. Die Maria-Hilf-Kirche mit ihrem schindelgedeckten Zwiebelturm stammt aus dem 20. Jahrhundert, liegt aber an einem der europäischen Jakobswege, und im Rathaus gibt es dafür auch einen Pilgerstempel. Ein paar verstreute Häuser dazu, das wär's dann auch schon fast gewesen. Wäre da nicht noch ein kleines Highlight gastronomisch-uriger Art: der Postwirt am Ortsausgang Richtung Lofer. Er steht hier seit 1590 und war, wie der Name sagt, Poststation. Man sitzt unter Kastanien, von oben schnattern die Gänse, von unten rauscht leise der Durchgangsverkehr. Das Essen ist richtig fein, und so lässt es sich prima aushalten in Schneizlreuth.

Adresse Schneizlreuth 5, 83458 Schneizlreuth | **ÖPNV** RVO-Bus 828, Haltestelle Schneitzlreuth | **Anfahrt** A 8, Ausfahrt Bad Reichenhall, Richtung Bad Reichenhall, im Kreisverkehr 1. Ausfahrt, 2,3 Kilometer geradeaus, rechts halten, 13,6 Kilometer B 20/B 21 Richtung Lofer, links auf B 21, nach 240 Metern rechts | **Tipp** Im nahe gelegenen Inzell können Sie die modernste Eisschnelllaufhalle der Welt, die 6.000 Besucher fassende Max Aicher Arena, eröffnet 2011, besichtigen. Infos unter www.max-aicher-arena.de.

93 Das Bayerische Forstamt

Die Bayern im Pinzgau

In St. Martin bei Lofer, im österreichischen Pinzgau, steht ein Bayerisches Forstamt. Wie ist es dazu gekommen, und was hat das zu bedeuten? Es bedeutet, dass Teile der Bergmischwälder zwischen den Berchtesgadener Alpen im Osten und den Chiemgauer Bergen im Norden bis zu den zentralalpinen Gebieten nach Leogang im Süden privatrechtliches Eigentum des Freistaates Bayern sind, auch wenn sie zum staatlichen Hoheitsgebiet von Österreich gehören. Und um diese Flächen kümmern sich die Bayern im Pinzgau ganz legal.

Die rechtliche Grundlage dafür ist ein Kuriosum, nämlich der älteste europäische Staatsvertrag, der bis heute Bestand hat. Es handelt sich um die Konvention zwischen Bayern und Österreich über die beiderseitigen Salinenverhältnisse vom 18. März 1829, kurz die »Salinenkonvention«. Sie wurde 1958 sogar noch einmal erneuert und angepasst.

Der Vertrag sicherte ursprünglich den Bayern das Recht, im Pinzgau Holz für die unersättliche Reichenhaller Saline zu schlagen. Auf der Saalach wurde das Holz zu Tal getriftet. Deshalb heißen die über 18.500 Hektar Pinzgauer Wald, die heute noch von bayerischen Förstern bewirtschaftet werden, auch »Saalforste«. Im Gegenzug erhielten die Dürrnberger Knappen aus dem Salzburger Land das Recht, unterirdisch weit ins Berchtesgadener Land hinein Salz abzubauen. Eine Hand wäscht so die andere.

Das alles ist heute allerdings Geschichte, denn die Reichenhaller Saline benötigt kein Holz mehr für die Salzproduktion, und die Salzgruben im Salzburger Land sind längst stillgelegt. Die Salinenkonvention gilt trotzdem weiter, und deshalb gehören Teile der Pinzgauer Wälder weiterhin zu den Bayerischen Staatsforsten, und deshalb steht ein Bayerisches Forstamt in St. Martin. Nicht zu verwechseln übrigens mit dem Königlich Bayerischen Amtsgericht. Das gibt es tatsächlich nicht mehr.

Adresse Forstbetrieb St. Martin, Hausnummer 20, A-5092 St. Martin bei Lofer | **ÖPNV** Almerlebnisbus RVO 847 von Hintersee bei Ramsau über den Hirschbichlpass nach St. Martin bei Lofer (Mitte Mai–Mitte Okt. stündlich von 8.15–17.30 Uhr) | **Anfahrt** B 21 von Bad Reichenhall zum Grenzübergang, 9,3 Kilometer B178 Richtung Lofer, Ausfahrt Lofer B 311, Kreisverkehr 3. Ausfahrt | **Tipp** Zum Forstbetrieb St. Martin gehören auch die spektakuläre Lamprechtshöhle (ganzjährig geöffnet) und die Seisenbachklamm, beide liegen in Weißbach bei Lofer. Die Klamm ist nur von Mai bis Oktober geöffnet, Infos unter www.lamprechtshoehle.at.

94 Der Bahnhof Königssee

Biergarten- statt Bahnbetrieb

Wenn die »Grüne Elektrische« aus Salzburg in den Berchtesgadener Bahnhof einfuhr, quietschte und rumpelte es. Es funkte, wenn die Stromabnehmer für den Bruchteil einer Sekunde den Kontakt zur Oberleitung verloren, und es roch nach Kurzschluss. Die meisten Fahrgäste wollten weiter zum berühmten Königssee. Deshalb hieß es aussteigen, über den Bahnhofsplatz zum kleinen Bahnhof der Königsseebahn gehen und bei schönem Wetter in einen der offenen Panoramawagen einsteigen. Immer wieder kreuzte die Bahnstrecke die wilde Königsseeache und hatte mit einigen Steigungen zu kämpfen. Zwei Bahnhöfe unterbrachen die Fahrt, aber nach 13 Minuten, in denen die schönsten Alpengipfel an den Fahrgästen vorbeizogen, war es so weit: Einfahrt in den Bahnhof Königssee. Der prächtige und einzige größere Jugendstilbau im Berchtesgadener Talkessel empfing die Fahrgäste, die von hier aus mit dem Elektroboot über den Königssee weiterfahren oder einfach am Seeufer promenieren konnten.

Das alles ist heute Geschichte. Die Salzburger Straßenbahn fuhr nur bis 1938 nach Berchtesgaden, seither ist nur mehr die Zugstrecke über Freilassing und Bad Reichenhall in Betrieb. Die Züge zum Königssee wurden 1965 durch Busse ersetzt, und 1971 wurden die Gleise entfernt. Viele hoffen, dass es irgendwann wieder eine Bahn hierher geben wird, andere befürworten den Bau eines großen Hotels und einen Umbau des denkmalgeschützten Bahnhofs.

Weder das eine noch das andere scheint unmittelbar vor der Tür zu stehen, sodass man es genießen sollte, wenn ein bisschen abseits der Touristenmeile unter den Kastanien des schönen Biergartens die Bedienung im feschen Dirndl eine frische Halbe, ein Radler oder eine Maß bringt. Dann zurücklehnen und den Blick auf die Gipfel rundherum genießen und einfach zufrieden sein. Noch ist Zeit, bis man mit dem Bus oder Auto, leider nicht mit dem Zug, wieder nach Hause fahren muss.

Adresse Seestraße 17, 83471 Schönau am Königssee | **ÖPNV** RVO-Bus 841, Haltestelle Königssee | **Anfahrt** Bahnhof Berchtesgaden, Kreisverkehr 4. Ausfahrt Königsseer Straße (B 20), Seestraße, Parkplatz Königssee | **Tipp** Vom ehemaligen Bahnhof können Sie zu Fuß hinübergehen zur Bobbahn an der Seeklause 43–45. Die Rodelbahn am Königssee war die erste Kunsteisbahn der Welt und gilt bei Insidern noch heute als eine der technisch anspruchsvollsten Bob- und Rodelbahnen im Weltcup-Zirkus. Mit dem Rennbob-Taxi können Wagemutige sich in Begleitung auf die Bahn wagen, www.rennbob-taxi.de.

95_Die Eiskapelle

König Watzmanns kalter Atem

Surrend legt das Boot ab, fast lautlos schneidet es durch den See, eine kleine Bugwelle zeichnet schäumend einen weißen Rand an den Bootsrumpf. Felswände stürzen ins Wasser und erreichen in 200 Metern Tiefe den Seegrund. Nach 4,5 Kilometern Fahrt steigt man auf der Landzunge von St. Bartholomä aus. Sie ist mit ihrer 1134 erbauten Kirche und dem Biergarten daneben das Ziel Nummer eins vieler Touristen.

Man kann aber von hier aus auch weiterwandern, auf die mächtige Ostwand des Watzmannsmassivs zu, immer dem Lauf des Eisbachs folgend bis zur Felswand. Im Sommer erscheint er wie ein Rinnsal, das in einem viel zu groß gewordenen Urstrombett dahingluckert. Noch immer hat die Luft 30 Grad, und man erkennt weiße Bänder im Fels, die, kaum zu glauben, aus Schnee gezeichnet sind. Im hintersten Winkel zweier Felswände liegt sie wie eine schlampig zu einem Dreieck gefaltete Serviette: die »Eiskapelle«. Davorstehend meint man, den Hauch der unheimlichen Wand zu spüren. Kalt strömt aus einem Loch, groß wie ein Eisenbahntunnel, ein eisiger Wind. Und man spürt die aufziehende Gänsehaut und den Drang, sich schnell eine Jacke überzuziehen.

Ein Besuch der Eiskapelle lohnt sich zu jeder Jahreszeit. Im Winter und Frühling stürzen Tausende Tonnen Schnee aus der Watzmannwand an dessen schattigen Fuß, sodass sich hier auf 900 Metern das tiefstgelegene ganzjährige Schneefeld der Alpen bilden konnte. Es ist auch im Spätsommer noch über 200 Meter lang und fast ebenso breit. Bis zu 15 Meter dickes Eis liegt hier und wird von einem Bach durchflossen, der mit seiner Bewegung am Fuß des Schneefeldes dieses große Eistor öffnet. Betreten darf man die Eiskapelle nicht, denn immer wieder werden Menschen durch herabstürzende Eisbrocken verletzt. Treten Sie auch nicht zu nah an die teilweise sehr tiefe Randkluft heran, wo das Schneefeld an den Berg stößt. Hier besteht Lebensgefahr.

Adresse Seestraße 1, 83471 Schönau am Königssee | **ÖPNV** RVO-Bus 841, Haltestelle Königssee, Elektroboot nach St. Bartholomä | **Anfahrt** Bahnhof Berchtesgaden, Kreisverkehr 4. Ausfahrt Königsseer Straße (B 20), Seestraße, Parkplatz | **Öffnungszeiten** ganzjähriger Fahrbetrieb der Elektroboote, Fahrplan unter www.seenschifffahrt.de | **Tipp** Von der Bootsanlegestelle aus nach Südwesten führt ein Wanderweg über den Schwemmkegel des Eisbachs zu einer Naturbrücke über den Schrainbach-Wasserfall, der von dort über 80 Meter tief in den Königssee fällt.

96 Der Fischer vom Königssee

Spezialitäten aus dem Tiefsee

Ein Fischer ist doch kein Ort – das stimmt und stimmt wieder nicht. Der Königssee-Fischer ist zwar eine Person, aber auch eine Institution. Es gibt immer nur einen einzigen, und der gibt sein Amt an einen Erben weiter. Der jetzige heißt Thomas Amort und hat sein Amt vom Amort-Vater und der wiederum … von seinem Schwiegervater. Bereits um 1160 sollen geräucherte Saiblinge aus dem Königssee vom Berchtesgadener Fürstpropst Heinrich I. in ein Heerlager von Kaiser Friedrich Barbarossa nach Oberitalien verschickt worden sein. Der Fischfang war wegen der vielen katholischen Fastentage – bis zu 150 waren es im Jahr – eine wichtige Geldquelle für das Stift Berchtesgaden.

Abends wirft der Fischer die 50 Meter langen Netze aus. Wenn er sie morgens wieder einholt, befinden sich darin vor allem Saiblinge, im flachen Wasser Hechte. Der tägliche Fang ergibt immerhin drei bis fünf Tonnen Fisch im Jahr, vermarktet wird er ausschließlich vor Ort.

Im Sommer und Herbst organisiert die Königsseeschifffahrt spezielle Fischerfahrten hinüber nach St. Bartholomä, in den Abendstunden, wenn der Trubel auf der Halbinsel vorüber ist. Fischer Amort erzählt dann von seinen Fischen im See, der Trinkwasserqualität hat: von braunen Bachforellen, Flussbarschen, Rutten, Elritzen, flotten Hechten, Koppen, Renken und den Tiefseesaiblingen. Er weiht die Besucher ein in einige seiner handwerklichen Geheimnisse und genießt mit ihnen die Stille und (relative) Einsamkeit. Und er serviert seine besten Fische, die »Schwarzreiter« – kleine Saiblinge, die auf dünnen Holzspießen über einem Haselnussrost geräuchert werden –, noch warm aus dem Räucherofen und traditionell auf einem Holzbrett angerichtet. Dazu ofenfrische Brezen und schwarzes Brot. »Verweile doch, du bist so schön«, will man dem Augenblick gerade sagen, da wirft das letzte Schiff sein Licht aufs Wasser und sammelt seine Passagiere ein zur Rückfahrt.

Adresse St. Bartholomä 3, 83471 Schönau am Königssee; www.fischervomkoenigssee.de | **ÖPNV** RVO-Bus 841, Haltestelle Königssee, Elektroboot nach St. Bartholomä | **Anfahrt** Bahnhof Berchtesgaden, Kreisverkehr 4. Ausfahrt Königsseer Straße (B 20), Seestraße, Parkplatz | **Öffnungszeiten** Anmeldung zu den Abendfahrten unter Tel. 08652/ 3119 | **Tipp** Trotz der 600.000 Besucher, die jährlich nach St. Bartholomä hinüberfahren, erwartet Sie im Fischerstüberl kein Nepp, sondern fangfrische Qualität. In der Gaststätte ist der bisher größte im Königssee gefangene Fisch präpariert und ausgestellt: eine 1,25 Meter lange Seeforelle.

97_Der Funtensee

Saugasse ins Paradies

Auch der Weg zum Funtensee führt mit dem Elektroboot über den blaugrünen Königssee hinüber nach St. Bartholomä. Dann beginnt der lange Marsch durch die Saugasse. Die kleineren und größeren Sünden im Rucksack wiegen schwer, Gedanken kreisen, der Schweiß fließt. Dies ist das Fegefeuer, kein Zweifel. Aber Purgatorium kommt von »purgare«, und das heißt reinigen. Schwere Gedanken fallen ab, je weiter man sich hinaufschraubt, Serpentine um Serpentine. Und am Ende wird man belohnt: Denn nicht die Hölle wartet auf uns, sondern ein Stück Gelobtes Land, ein Zipfelchen vom Paradies.

In einer unwirklich grünen Ebene liegt das verlockende Haus, das den müden Wanderer versorgen wird mit Weißbier und Kaiserschmarrn, dahinter der See, im Winter Deutschlands Kältepunkt Nummer eins, im Sommer ein Badeplatz. Über dem See ragt das Schottmalhorn auf wie der Turm zu Babel und links davon der wuchtige Funtenseetauern. Murmeltiere putzen sich in der Sonne, tauchen ab und woanders wieder auf, zu Füßen des rastenden Wanderers zieht eine Kreuzotter ihr braunes Zickzackmuster zwischen Wanderschuh und Stockspitze dahin. Ja, hier könnten auch Wolf und Lamm zusammen weiden. Tannen umstehen das Funtenseeplateau wie grüne Pfeifenputzer die Modelleisenbahn. Und egal, wie oft dieses Idyll noch abgelichtet wird und wie viele Wanderer noch durch dieses Stück Ideallandschaft marschieren – im Morgengrauen ist es immer wieder wie am ersten Tag der Schöpfung.

»Wo geht ihr heute hin?«, »Wird das Wetter halten?« Einer will zu den Teufelshörnern, zwei andere zum Trischüblpass und hinüber ins Wimbachgries, für die einen ist es der Start hinauf ins Steinerne Meer, für die anderen die letzte Station vor dem Abstieg zum Königssee.

Die Saugasse ist gepflastert von Mühen und Sorgen, aber alles bleibt dort, sie gibt nichts mehr her. Mit leichtem Gepäck kehrt der Wanderer heim.

Adresse Seestraße 1, 83471 Schönau am Königssee | ÖPNV RVO-Bus 841, Haltestelle Königssee, Elektroboot nach St. Bartholomä | Anfahrt Bahnhof Berchtesgaden, Kreisverkehr 4. Ausfahrt Königsseer Straße (B 20), Seestraße, Parkplatz | Öffnungszeiten ganzjähriger Fahrbetrieb der Elektroboote, Fahrplan unter www.seenschifffahrt.de | Tipp Das Kärlingerhaus am Funtensee, eine DAV-Hütte, liegt auf 1.638 Metern und ist im Sommer stark frequentiert, Infos unter www.kaerlingerhaus.de. Der kürzeste Aufstieg über die Saugasse von St. Bartholomä dauert circa 4 Stunden.

98 Der Grünstein

Ein Zwerg unter Riesen

Der Grünstein ist kein Riese. Er steht vor dem Watzmann, ohne den Berchtesgadenern den Blick auf ihren Hausberg zu verstellen. Den Schönauern zeigt er seine grüne Vorderseite und sorgt nachmittags, zumal im Winter, für frühzeitige Beschattung. Und jetzt die Vorteile: Der Grünstein ist mit seinen 1.304 Metern Höhe für fast jeden von zwei Seiten aus begehbar und bietet von oben einen Rundumblick von 360 und keinem Grad weniger, den man diesem Zwerg unter Riesen gar nicht zugetraut hätte. Nach Norden überblickt man den gesamten Talkessel, nach Süden das Steinerne Meer. Der Watzmann steht als großer Bruder nebenan und lässt sich, je nach Jahreszeit, ins schneebedeckte Kar schauen.

Die Pfade hinauf sind gut ausgebaut und an den Wochenenden durchaus stark frequentiert. Bei der Grünsteinhütte treffen die Wege von der Königssee-Bobbahn und vom Hammerstiel zusammen. Hütte? Halt, halt. Erst geht es noch hinauf zum Gipfel. Am grasigen Gipfelplateau mit seinen vielen Aussichtsbänken versammeln sich Jung und Alt, ganze Familienclans wie Wegelagerer, und ein paar Turnschuhträger sind auch dabei, packen ihre Brotzeit aus und wechseln nasse Shirts. Aus Richtung Königssee kommen noch verschwitztere Gestalten über die Hangklippe. Sie haben die Direttissima genommen: den Klettersteig über die Felswand. Es gibt ihn in drei Varianten: etwas leichter und zweimal richtig schwer, mit Überhängen und luftiger Hängebrücke, alle drei nur für Geübte und wegen der Steinschlaggefahr mit Klettersteigausrüstung und Helm zu begehen.

Spätestens in der Grünsteinhütte treffen alle wieder zusammen. Manche gehen noch weiter auf die Kühroint-Alm, von der man zum Kleinen Watzmann auf- oder über den Rinnkendlsteig zum Königssee absteigen und mit dem Schiff zurückfahren kann. Alle anderen gehen ihren Normalweg wieder hinunter, auch die Klettersteigler, denn ihre Aufstiege sind Einbahnstraßen.

Adresse Grünsteinhütte, Hammerstielstraße 37, 83471 Schönau am Königssee | **ÖPNV** RVO-Bus 841, Haltestelle Königssee | **Anfahrt** Bahnhof Berchtesgaden, Kreisverkehr 4. Ausfahrt Königsseer Straße (B 20), rechts Schornstraße, links An der Seeklause bis Parkplatz | **Öffnungszeiten** Grünsteinhütte 1. Mai–Ende Oktober durchgehend, kein Ruhetag, Infos unter www.gruensteinhuette.de | **Tipp** Nach einer Grünsteinwanderung oder Klettersteigbegehung bietet sich zur Erholung ein Besuch im Schornbad in Schönau am Königssee, Schornstraße 7, an. Es ist täglich von 8 bis 20 Uhr geöffnet.

99__Die Jennerbahn

Ein Postkartenpanorama ohne Mühe

Der Jenner über dem Königssee ist weder besonders hoch noch besonders steil, noch eine echte Berühmtheit unter den Alpenspitzen. Etwas Besonderes hat er aber, nämlich eine Seilbahn, und ist damit der einzige höhere Berg um Berchtesgaden, auf den man bis unter den Gipfel im Sitzen gelangt.

Seit Sommer 2018 hat der Jenner nach 60 Jahren eine hochmoderne Seilbahn bekommen, die komfortabel und nahezu geräuschlos die Fahrgäste in 17 Minuten zur Bergstation transportiert. Die 1.170 Meter Höhendifferenz wird in 60 barrierefreien Zehnerkabinen überwunden. Bis zu 1.500 Menschen können so pro Stunde ohne Mühe auf den Berg gebracht werden. Frei nach dem Motto »der Weg ist das Ziel« kann man den Panoramablick mal auf den Watzmann, mal auf den Königssee genießen. Kurz nach der Mittelstation sind Murmeltiere zu hören und zu sehen, die ihre Wohnhöhlen auf einer Lichtung links der Seilbahntrasse gegraben haben. Oben angekommen, steigt man noch knapp 100 Höhenmeter zum Gipfel hinauf und ist überwältigt von einem der schönsten Postkartenpanoramen, das die Alpen zu bieten haben. 1.200 Meter tiefer ist der Königssee in seiner vollen Länge und fast immer in tiefem Blau zu sehen, gegenüber türmt sich die Watzmann-Ostwand fast 2.000 Meter auf, und dazwischen liegt St. Bartholomä. Es geht nicht schöner, und jeder kennt diesen Blick von Ansichtskarten, aus Bildbänden und der Milchreklame, doch den Originalblick ersetzen weder TV noch Fotografie.

Im Winter gelangt man mit der Jennerbahn in ein Skigebiet, das für Familien geeignet ist, aber auch den Skifahrern, die gern die Pisten verlassen und durch Tiefschneehänge gleiten oder sich die steilen Rinnen hinunterstürzen möchten, wird es Freude machen. Für die Wintersportler werden am Jenner weitere Sessel-, Schlepplifte und Schneekanonen eingesetzt, sodass man mit Glück bis Mitte April bis zum See hinunter abfahren kann.

Adresse Jennerbahnstraße 18, 83471 Schönau am Königssee, www.jennerbahn.de | ÖPNV RVO-Bus 841, Haltestelle Jennerbahn | Anfahrt Bahnhof Berchtesgaden, Kreisverkehr 4. Ausfahrt Königsseer Straße (B 20), Seestraße, Parkplatz | Öffnungszeiten täglich 8–16.30 Uhr, Revisionszeiten beachten! | Tipp Ein schöner, nicht anstrengender Spazierweg führt von der Mittelstation zur Königsbachalm oder, anspruchsvoller, von der Bergstation hinüber zum Carl-von-Stahl-Haus und auf den Schneibstein, den leichtesten 2.000er der Berchtesgadener Alpen.

100__Die Königsbach-Wasserfälle

Eiskaltes Badevergnügen

Die höchsten Wasserfälle Deutschlands sind die Königsbachfälle nicht, aber mit ihrer Höhe von 200 Metern gehören sie doch zu den großen unter den größeren. Der Königsbach entspringt im Jennergebiet, in der Schutzzone des Nationalparks. Auf seinem Weg hinab vom Hochplateau, auf dem sich die nach ihm benannten Königsbachalmen befinden (auf 1.200 Metern Höhe), verliert die Strömung an der Felskante die Bodenhaftung und geht in freien Fall über. In mehreren Stufen stürzt der von Gischt weiße Bach spritzend und tosend die steile Felswand hinunter bis in den Königssee. Unter seinen Wasserfällen und in den Gumpen kann man sogar baden. Festes Schuhwerk und Trittsicherheit braucht man allerdings, um überhaupt hinzukommen. Oder kräftige Oberarme, wenn man das Ostufer des Sees im Ruderboot erreichen will.

Gebadet wird im Königssee auch am Fuß der Kunsteisbahn, dort gibt es sogar eine kleine Liegewiese. Aber in der Regel ist das Wasser dort auch im Hochsommer mit maximal 18 Grad sehr kalt. Wer sich jedoch von der Seelände aus auf den Weg zum Malerwinkel macht, entdeckt dort nicht nur herrliche Fotomotive und bei feuchtem Wetter eventuell sogar einen Feuersalamander. Man findet am Ende des Wegs sogar einige »wärmere« Badestellen. Insider wandern nach dem Aussichtsplatz am Ende des Malerwegs am Ufer entlang weiter. Der Weg verwandelt sich in einen Trampelpfad und endet schließlich unterhalb der Kaskaden des Königsbachs. Aber Achtung: Der Pfad ist nicht gesichert und das Erklettern der Wasserfälle Ungeübten nicht zu empfehlen.

Mit dem Ruderboot, das man sich an der Seelände ausleihen kann, umfährt man zunächst die Christlieger – sie ist übrigens die einzige Insel im Königssee – und steuert das linke Seeufer an. Gegenüber der Echowand erkennt man die Königsbachfälle.

Adresse Parkplatz, Seestraße 1, 83471 Schönau am Königssee | **ÖPNV** RVO-Bus 841, Haltestelle Königssee | **Anfahrt** Bahnhof Berchtesgaden, Kreisverkehr 4. Ausfahrt Königsseer Straße (B 20), Seestraße, Parkplatz | **Tipp** Am Hanauerstein in Schönau am Königssee hinter dem Haus des Gastes kann man das Klettersteiggehen an der 40 Meter hohen Wand des Felsens mit einem Bergführer erlernen. Am Fuß des Hanauersteins befindet sich ein Kleingradierwerk mit Sole aus dem Salzbergwerk Berchtesgaden und eine Kneippanlage.

101 Der Königssee

Ein bayerischer Fjord

Mit einem Fjord hat der Königssee seine Einbettung in steile Felswände gemein und seine Entstehung durch einen Gletscher. Die Schönheit dieses Gebirgssees, dessen Wasser man trinken kann, ist nicht verborgen geblieben: 3,3 Millionen Übernachtungen jährlich zählt das Berchtesgadener Land, etwa eine halbe Million Besucher lässt sich den Königssee als Attraktion nicht entgehen. Über sieben Kilometer lang ist der See und fast 200 Meter tief. Damit ist er der tiefste See in Bayern und entsprechend tief ist auch seine Wassertemperatur, maximal 18 Grad. Etwa einmal im Jahrzehnt gibt es ein besonderes Spektakel: Man kann ganz zu Fuß über den See laufen. Dann nämlich, wenn er zufriert, wie zuletzt 2006.

Man stellt das Auto auf dem riesigen Parkplatz ab, wandert über die Touri-Meile durch Trachtenshops, Murmeltiersalben- und Kristalllampenläden und ist schon auf das Schlimmste gefasst. Doch am See angekommen, überwältigt einen der Ausblick. Da ist er, dieser gebirgsgrüne Fjord, eingeschlossen von schroffen Felswänden, befahren von eleganten Booten, gesäumt von alten Bootshäusern aus grauen Holzplanken, die allesamt unter Denkmalschutz stehen. Und dabei sieht man von der Seelände aus nur den winzigen vorderen Teil des Sees, mit der kleinen Insel Christlieger (Betonung auf der zweiten Silbe). Trotzdem verzaubert jeden dieser Blick.

Wenn nicht gerade Wochenende und Stoßzeit ist, kauft man sich ein Billett und nimmt das nächste Boot hinüber nach St. Bartholomä, das bereits im Nationalpark Berchtesgaden liegt. Vorbei geht es an der Echowand, an der einer der Bordcrew sein Flügelhorn (keine Trompete!) auspackt und dem internationalen Publikum das Echo bläst.

Dann kehrt wieder Stille ein, und das Boot gleitet lautlos weiter, der Watzmann-Ostwand entgegen, aber gottlob taucht davor noch ein Stützpunkt für Nichtbergsteiger aus dem Wasser auf: die roten Zwiebeltürme von St. Bartholomä.

Adresse Parkplatz, Seestraße 1, 83471 Schönau am Königssee | **ÖPNV** RVO-Bus 841, Haltestelle Königssee | **Anfahrt** Bahnhof Berchtesgaden, Kreisverkehr 4. Ausfahrt Königsseer Straße (B 20), Seestraße, Parkplatz | **Öffnungszeiten** ganzjähriger Fahrbetrieb der Elektroboote, Fahrplan unter www.seenschifffahrt.de | **Tipp** Den großen Findling neben der Tourist-Information am Königsseeparkplatz lohnt es sich genauer anzusehen. In Bodennähe kann man prähistorische Felsritzungen entdecken.

102 Die Kührointalm

Bergschicksale in drei Bänden

Der Watzmann ist einer der schönsten Berge der Ostalpen. Seine Anziehungskraft ist fast magisch, und jeder Bergsteiger, der ihn gesehen hat, möchte einmal auf seiner 2.713 Meter hohen Mittelspitze stehen, geübte Bergwanderer träumen von der Watzmann-Überschreitung über die drei Gipfel Hocheck, Mittel- und Südspitze. Doch ist dieser Berg auch gefährlich, gefährlicher als alle anderen deutschen Berge. Nicht nur die 1.800 Meter hohe Watzmann-Ostwand, auch die anderen Wände, die Steige und sogar Wege fordern Jahr für Jahr Opfer. Auf der beschaulichen Kührointalm auf 1.420 Metern steht seit 1999 eine Gedenkstätte für alle Opfer der Berchtesgadener Alpen und verunglückten Berchtesgadener Bergsteiger, die in den Gebirgen der Welt ums Leben gekommen sind. Die St. Bernhard-Gedenkkapelle ist ein Ort, wo man ihre Namen in drei Bänden bewahrt: ein Buch für die Toten aus der Watzmann-Ostwand, ein Buch für die Toten in den Berchtesgadener Alpen und eines für die Bergtoten aus dem Landkreis. Über 1.000 Namen fordern auf zum Gedenken und gleichzeitig zur Vorsicht.

Gedenken und Lebensfreude schließen sich nicht aus. Wenige Schritte von der Kapelle entfernt ist die gemütliche Kührointalm, in der man sich in der Sonne sitzend stärken kann, bevor es weitergeht. Entweder über den Rinnkendelsteig hinunter nach St. Bartholomä, Schwindelfreiheit und Trittsicherheit vorausgesetzt. Oder alternativ über die Route auf den über 2.307 Meter hohen Gipfel des Kleinen Watzmanns, der Bergsteigern vorbehalten bleibt. Die harmloseste Variante ist der Forstweg, der direkt zur Gemeinde Königssee hinunterführt.

Schön ist es hier oben fast überall, doch der allerschönste Fleck ist, ein paar Meter weiter in Richtung See und Rinnkendelsteig, die Archenkanzel, die 700 Meter direkt über dem See die schönsten Ausblicke bietet und noch dazu ganz ohne gefährliche Kraxeleien erreichbar ist.

Adresse Parkplatz An der Seeklause 41, 83471 Schönau am Königssee; www.kuehroint.com | **ÖPNV** RVO-Bus 841, Haltestelle Königssee | **Anfahrt** Bahnhof Berchtesgaden, Kreisverkehr 4. Ausfahrt Königsseer Straße (B 20), rechts Schornstraße, links An der Seeklause bis Parkplatz | **Tipp** Auf der Kührointalm ist die höchstgelegene Informationsstelle des Nationalparks Berchtesgaden. In einem Film werden die Folgen menschlicher Eingriffe in die natürlichen Abläufe des Parks erläutert.

103 Der Röthbachfall

Wo das Wasser von der Welt fällt

Man sollte von Königssee aus das erste Schiff nehmen, um früh das sieben Kilometer entfernte andere Ende des Sees, die Haltestelle Salet, zu erreichen. Dann besteht die Chance, eine der abgelegensten Gegenden Deutschlands vor den Touristenströmen, die sich aus den voll besetzten Elektrobooten ergießen, zu sehen. Ein Bootsführer beantwortet die ungestellten Fragen, wie tief, wie lang, wie breit der See ist, wie viele Pilger 1688 ertranken und Bergsteiger in der Ostwand starben – doch nichts darüber, was man sieht, wenn man von Salet aus am Obersee vorbei zum Talschluss geht. Kurz nach Salet betritt man eine Zwischenwelt. Die Teufelshörner ebenso wie die Felswände, die ringsum senkrecht aufragen, spiegeln sich im Obersee, der vom Königssee durch eine eiszeitliche Endmoräne getrennt ist. Nach dem Obersee folgt ein kurzer Anstieg, dann steht man mitten in einem urweltlichen Tal mit feuchtigkeitliebenden Bäumen und Pflanzen. Von links quert ein vom Landtalfall gespeister Bach den Almgrund und verschwindet nach der Talmitte im Nichts.

Von der Felswand direkt voraus stürzt der Röthbachfall. Mit einer Fallhöhe von 470 Metern ist er unstrittig der höchste Wasserfall Deutschlands.

Aus einer Höhe von 1.250 Metern stürzen sein Wasser und was in ihm schwimmt in die Tiefe, hinunter auf den Talboden, auf weniger als 700 Meter über dem Meer. Egal ob Enziansamen, Insektenlarven oder andere Lebewesen, sie werden ihre Hochgebirgswelt nicht wiedersehen; doch manche finden hier einen Platz, an dem sie dennoch als Exoten blühen oder gedeihen können. In einem kleinen Becken sammelt sich das Wasser, dann stürzt es als reißender Bach dem Almgrund entgegen und versiegt auf dem Weg dorthin im karstigen Boden, wo es sich mit anderen unterirdischen Quellen und Flüssen vereint und in den Obersee fließt, dessen Wasser über den Saletbach den Königssee speist.

Adresse Parkplatz, Seestraße 1, 83471 Schönau am Königssee | **ÖPNV** RVO-Bus 841, Haltestelle Königssee | **Anfahrt** Bahnhof Berchtesgaden, Kreisverkehr 4. Ausfahrt Königsseer Straße (B 20), Seestraße, Parkplatz | **Tipp** Geübte Wanderer können auf dem Röthsteig, am Wasserfall vorbei, zur idyllisch gelegenen bewirtschafteten Wasseralm aufsteigen und von dort weiter ins Steinerne Meer. Die Wasseralm verfügt auch über Schlafplätze.

104__Der Seeleinsee

Türkisfarbene Oase in der Steinwüste

Zugegeben, spricht man in Berchtesgaden vom Baden, dann ist es wahrscheinlicher, dass man über die zwar mehr als 350 Kilometer weit entfernte, aber in 3,5 Stunden mit dem Auto erreichbare Adria spricht als über den nur 15 Kilometer entfernten Seeleinsee, den man je nach gewählter Route erst nach fünf bis sechs Stunden erreicht. Zu Fuß. Trotzdem ist der Seeleinsee einen Besuch wert. Mitten im praktisch wasserlosen Karstgebiet des Hagengebirges liegt er in einem Talkessel zwischen Hochseeleinkopf und Kahlersberg auf 1.880 Metern über der Adria.

Wirklich warm wird dieser See nie. Wenn jedoch die Eisschicht im Frühsommer verschwunden und der Lawinenkegel an seinem Westufer abgeschmolzen ist, lädt er an heißen Tagen durchaus zum Baden ein.

Spektakulär und etwas ganz Besonderes ist es, in diesem mit türkis schimmerndem Trinkwasser gefüllten See zu schwimmen. Nicht nur, dass sich in seinem Wasser die Gipfel der kahlen Zweitausender ringsherum spiegeln und man beim Schwimmen freie Sicht auf letzte von der Sonne noch nicht verdampfte Schneefelder hat. Das ganz besondere Erlebnis stellt sich ein, wenn man plötzlich an einem der angrenzenden Hänge eine Herde Steinböcke entdeckt, die faul in der Mittagssonne vor sich hindöst. Dieses Bild mag einen für ein paar Sekunden fesseln und von der Wassertemperatur ablenken. Nicht einmal die läppischen 53 Meter Breite durchschwimmt man, geschweige denn den See in seiner Länge von 110 Metern, aber das braucht man auch nicht. Auch so ist das Badeerlebnis eines der größten, an das man sich lang erinnern wird.

Zwar sind die Ufer des Seeleins nie überfüllt, trotzdem ist man hier selten allein. Denn der Seeleinsee liegt an einem der Hauptverkehrsknotenpunkte der Berchtesgadener Alpen: Sowohl die Kleine als auch die Große Reibn, zwei der bekanntesten Wander- und Skitourenrouten um den Königssee, führen am Seeleinsee vorbei.

Adresse Parkplatz, Seestraße 1, 83471 Schönau am Königssee | **ÖPNV** RVO-Bus 841, Haltestelle Königssee | **Anfahrt** Bahnhof Berchtesgaden, Kreisverkehr 4. Ausfahrt Königsseer Straße (B 20), Seestraße, Parkplatz | **Tipp** Beim Abstieg Richtung Königsbachalm und Jenner-Mittelstation kommt man an der Priesbergalm vorbei, wo sich eine Enzianbrennhütte befindet, in der ein Bergbrenner aus den Wurzeln von Meisterwurz, Gelbem, Getüpfeltem und Pannonischem Enzian Schnaps brennt, den man vor Ort auch probieren kann.

105 Das Steinerne Meer

Unterwasserwelt 2.000 Meter über dem Meer

Geologisch betrachtet ist das Steinerne Meer ein Karsthochplateau in den Nördlichen Kalkalpen und zugleich der größte Gebirgsstock der Berchtesgadener Alpen, der teils zu Bayern, teils zum Land Salzburg gehört. Eigentlich ist das Steinerne Meer aber eine Traumlandschaft aus zu Stein gewordenem Wasser, eine Geröllwüste mit Gipfeln, die sich wie die Köpfe versteinerter Echsen aus der Ebene erheben. Dazwischen liegen ein paar grüne Nester aus hartem Gras und niedrigen Blüten, blauem Enzian, weißem Steinbrech, gelben Stiefmütterchen und rosa Polsterblüten, alles von Schmetterlingen und anderen Insekten umschwirrt. Frischer Dung und fernes Blöken sind Lebenszeichen der Schafe, auf die man hier in der Steinwüste ebenfalls staunend trifft.

160 Quadratkilometer misst das Steinerne Meer, von denen sich 55 auf einer Höhe von über 2.000 Metern befinden. Am Fuß seiner Nordabstürze liegt der Königssee, von seinem Südrand aus kann man den Zeller See unten in der Ebene erkennen. 50 Gipfel, und das sind fast alle, sind zwischen 2.100 und 2.655 Metern hoch. Markantester Punkt ist die Pyramide der Schönfeldspitze, ein Wahrzeichen Berchtesgadens mit stolzen 2.653 Metern. Für geübte Berggeher ist sie sogar leichter zu besteigen, als man denkt. In gut zwei Stunden erreicht man vom Riemannhaus aus ohne Seil, mit leichten Klettereien, den Gipfel, den eine Pietà anstelle eines Gipfelkreuzes schmückt.

Im Dachsteinkalk wurden bisher etwa 800 Karsthöhlen und Dolinen erfasst. Viele sind noch unerforscht, so wie auch viele Gipfel sehr selten bis nie begangen werden. Bergwanderwege und Steige erschließen das Plateau, trotzdem erlebt man in dieser fremden und zugleich betörenden Landschaft mitunter noch Einsamkeit. Von seiner Vergangenheit als Meer zeugen die Muschelversteinerungen im grauen oder rötlichen Kalk, die eine charakteristische Hufeisenform haben und im Volksmund »Kuhtritte« heißen.

Adresse Parkplatz, Seestraße 2, 83471 Schönau am Königssee | ÖPNV RVO-Bus 841, Haltestelle Königssee | Anfahrt Bahnhof Berchtesgaden, Kreisverkehr 4. Ausfahrt Königsseer Straße (B 20), Seestraße Parkplatz | Tipp Ein einmaliges Erlebnis ist die Durchquerung des Steinernen Meers an einem Tag zur »Almer Wallfahrt«, der jährlich an dem Samstag stattfindet, der auf den 24. August, den Bartholomäustag, folgt. Die Anfahrt erfolgt mit Bussen vom Königsseeparkplatz aus. Aufstieg von Maria Alm ab 4 Uhr morgens.

106 St. Bartholomä

Ein frisches Bier für die Wallfahrer

St. Bartholomä, eines der Wahrzeichen des Berchtesgadener Landes, liegt auf einer Halbinsel im Königssee, mitten im Nationalpark Berchtesgaden. Der Eisbach hat vom Fuß des Watzmanns so viel Gestein und Geröll in den See eingetragen, bis dieses Fast-Eiland entstand. Darauf befinden sich eine Handvoll Gebäude: der Landungssteg mit Kiosk, eine Infostelle des Nationalparks, die Königssee-Fischerei, die berühmte Wallfahrtskapelle, das ehemalige Jagdschloss aus dem 14. Jahrhundert, das heute Gaststätte ist, und die einzige Übernachtungsmöglichkeit für Spezialgäste und maximal eine Nacht: Weder Könige noch Kaiser, nur Bergsteiger, die die 1.800 Meter hohe Watzmann-Ostwand besteigen wollen, dürfen hier vor ihrer Großtat ruhen. Normalsterbliche nehmen das letzte Schiff zurück.

Eigentlich heißt die Halbinsel Hirschau, und wegen des Wildes kamen die Berchtesgadener Fürsten und Chorherren, nach 1810 dann die bayerischen Könige her und errichteten ihr Jagdschloss.

Die Kapelle stammt aus dem 12. Jahrhundert. Im Barock bekam sie die roten Zwiebeltürme und Kuppeldächer aufgesetzt, und König Ludwig II. ließ sie restaurieren, bevor es zu spät war. St. Bartholomäus, dem sie geweiht ist, ist der Schutzherr der Almbauern und Sennerinnen.

Jedes Jahr ist St. Bartholomä am Samstag nach dem 24. August das Ziel der Almer Wallfahrt, der ältesten Gebirgswallfahrt in Europa. Bis zu 2.000 Wallfahrer steigen im Morgengrauen vom österreichischen Maria Alm hinauf zum Riemannhaus, durchqueren das Steinerne Meer bis zum Funtensee und steigen über die Saugasse ab nach St. Bartholomä, wo sie mit Bier und Steckerlfischen empfangen werden. Und natürlich mit einer Messe. Ursprüngliches Ziel der Pilger war die Kirche in Dürrnberg bei Hallein. Nach einem Unglück, bei dem im August 1688 mehr als 70 Wallfahrer im Königssee ertranken, wurde St. Bartholomä Ziel der Pilger und ist es bis heute geblieben.

Adresse St. Bartholomä 1, 83471 Schönau am Königssee | **ÖPNV** RVO-Bus 841, Haltestelle Königssee | **Anfahrt** Bahnhof Berchtesgaden, Kreisverkehr 4. Ausfahrt Königsseer Straße (B 20), Seestraße, Parkplatz | **Öffnungszeiten** ganzjähriger Fahrbetrieb der Elektroboote, Fahrplan unter www.seenschifffahrt.de | **Tipp** Tipp »Mit dem Ranger unterwegs« heißt eine zweistündige Führung auf der Halbinsel Hirschau, die die Nationalparkverwaltung von Mitte Mai bis Ende Oktober jeweils mittwochs und sonntags anbietet, Treffpunkt 10.30 Uhr Bootsanlegestelle St. Bartholomä, Infos unter www.nationalpark-berchtesgaden.de.

107 Das Bergbaumuseum Achthal

Arbeitsgerät: »Arschleder«

Heute ist der Bergbau in Teisendorf Geschichte. Die Stollen sind stillgelegt, und hoffentlich halten die über Jahrhunderte ausgehöhlten Berge stand. Was vom Bergbau heute noch sichtbar ist, wird von vielen gar nicht erkannt. Stattliche Bauernhöfe in der Gegend um Teisendorf sind aus Naturstein gebaut und enthalten dunkle Brocken, die man für Steine halten kann. Tatsächlich aber ist es Schlacke, ein Abfallprodukt der Eisenverhüttung, dem zweiten Industriezweig der Region.

Vom 10. Jahrhundert bis 1810 verlief die Grenze zwischen Salzburg und Bayern mitten durch die Erzlagerstätten von Neukirchen und Achthal. Im Teisenberg gruben die bayerischen Bergleute von Westen und die Salzburger von Osten her Stollen in den Berg. 1810, als das Gebiet endgültig zu Bayern kam, war der Boom schon vorbei. Bergbau und Verhüttung waren nicht mehr rentabel und wurden schließlich 1925 ganz eingestellt.

Über die historischen Arbeitsverhältnisse in den Erzgruben erzählen die Museumsexponate, Dokumente und Stiche aus der Zeit, die auch die Arbeitsgeräte der Bergmänner abbilden, zum Beispiel das »Arschleder«, mit dem die Knappen auf Rutschen in den Berg einfuhren. Die Lebensbedingungen der Knappen und Arbeiter waren nicht rosig. So betrug der Mindesttageslohn für einen Hüttenarbeiter Mitte des 19. Jahrhunderts 30 Kreuzer. Das entsprach drei Pfund Mehl oder zwei Pfund Rindfleisch. Eine Familie konnte man damit kaum über Wasser halten. Daher lag die Arbeitszeit bei den Hüttenarbeitern zwischen neun und 18 Stunden. Bei Unfällen, Krankheit oder Tod sprang die »Bruderlade« ein, eine Unterstützungskasse der Bergleute, die schon seit 1625 belegt ist.

Heute stehen die Gebäude leer, das Herzstück der Verhüttung, der Hochofen, ist abgebaut. Brunnen, Öfen und Kreuze aus Achthaler Guss erinnern noch an dieses Stück Industriegeschichte.

Adresse Teisendorfer Straße 63, 83317 Teisendorf; www.bergbaumuseum-achthal.byseum.de | **Anfahrt** A 8, Ausfahrt Neukirchen, circa 5 Kilometer auf Teisendorfer Straße (St2102), Beschilderung folgen | **Öffnungszeiten** Mai–Sept. Di–Sa 13–16 Uhr, So 10–12 Uhr, Führungen nach Anmeldung | **Tipp** In Teisendorf kann man entweder die ortsansässige Wieninger Brauerei in der Poststraße 1 besichtigen, oder man kann sein Wieninger Bier, direkt oder in Form einer altbayerischen Dunkelbiersuppe, im sehr schönen Braugasthof Alte Post in der Marktstraße 9 verkosten.

108 Maria Brunn

Die vielen Quellen des Ponlachbaches

Und noch ein Abstecher in den Landkreis Traunstein, nach Tittmoning, das zwar klein und ein bisschen abgelegen, aber dennoch eine echte Salzachperle ist. Über 1.000 Jahre gehörte die kleine Stadt zum Fürstbistum Salzburg. Die Burg wurde im 13. Jahrhundert als Bollwerk gegen die Bayern errichtet, war in dieser Mission aber nicht erfolgreich, und es gab immer wieder feindliche Übernahmen. 1816 wird Tittmoning endgültig bayerisch. Die Burg verfällt, im Zweiten Weltkrieg wird sie als Gefangenen-, danach als Flüchtlingslager genutzt. Die Renovierungsarbeiten dauern an, aber viele Gebäude sind heute wieder intakt und zugänglich, ein Heimat- und ein Gerbereimuseum sind darin untergebracht. Die Burg ist offen, man kann von der Stadt zu Fuß heraufkommen und hindurchmarschieren. Vom Vorplatz der Burg hat man einen herrlichen Blick über Stadt und Salzachebene, im Hintergrund eine beeindruckende Bergkulisse.

Hinter der Burg aber fängt es schon gewaltig an zu rauschen. Man hört das Wasser, noch bevor man es sieht, und folgt dem Lauf des Baches durch den Ponlachgraben, der ganz von Wasseradern durchzogen ist. Quellwasser schießt mit kräftigem, glucksendem Strahl aus unzähligen Fels- und Erdöffnungen. Im Graben sammelt sich das Wasser und rauscht in Kaskaden über mehrere Stufen. Überall gluckert, blubbert und plätschert es, die Luft ist gesättigt mit Feuchtigkeit. Auf angelegten Wegen wandert man durch diese Wasserlandschaft hinauf, passiert zwei Grotten mit gefassten Quellen und kommt schließlich zur rosa-weißen Wallfahrtskirche Maria Brunn, 1715 an der Stelle einer hölzernen Kapelle errichtet. Rechts und links hinter der Kapelle sind zwei gefasste Quellen, denen Heilkräfte zugeschrieben werden: Das Wasser rechts soll bei Augenleiden helfen, das links bei Herzleiden. Auch beim Abnehmen soll das Heilwasser helfen. Man muss nur fest dran glauben – und ein bisschen weniger essen.

Adresse Ponlach 6, 84529 Tittmoning | **ÖPNV** Bus 16, Haltestelle Stadtplatz Tittmoning, Fußweg durch die Burganlage | **Anfahrt** B 20 von Laufen in Richtung Burghausen, in Tittmoning links 500 Meter auf Traunsteiner, rechts über Kayberg und Ponlach bis Parkplatz | **Tipp** Absolut sehenswert ist der historische Stadtplatz von Tittmoning im typischen Inn-Salzach-Stil mit seiner fast komplett erhaltenen Stadtmauer aus dem 15. Jahrhundert. Der Ponlachbach durchfließt die für ihre Sanierung preisgekrönte Altstadt.

109__Der Wochinger Bräu

Einmal übern Tellerrand, bitte

In dem Fall lohnt sich ein Blick über den Tellerrand des Berchtesgadener Landes hinüber nach Traunstein wirklich. Der Wochinger Bräu, und vor allem sein uriger Biergarten, ist im Sommer ein echter Genuss. Einfach ein sehr schöner Platz. Warum?

Er liegt mitten in der Stadt und ist trotzdem absolut ruhig. Keine vorbeibrausenden Autos auf Schnellstraßen, kein Gestank, keine Wildparkerei. Der Biergarten ist, wie er sein soll: schattig unter Kastanien, die Möblierung aus Holz und geschmackvoll, das gelbe Brauereigebäude, auf das man blickt, historisch und gewachsen, der zum Lokal ausgebaute Kuhstall modern und luftig, aus viel Holz und Glas. Die Bedienung ist jung und freundlich, kein Witz- und kein Trachtenzwang. Man trägt Lederhose, wenn man Lust drauf hat, oder eben Jeans.

Dass das Bier schmeckt, merken sogar Nichtbiertrinker. Unbedingt zu empfehlen ist das legendäre ungefilterte Zwickelbier oder, wenn es gemischt sein darf, ein dunkles Radler oder ein dunkler »Russe« – eine Mischung aus dunklem Weißbier und Limonade.

Ein Highlight ist das Essen – und das ist in einem bayerischen Biergarten auch nicht immer eine Selbstverständlichkeit. Beim Wochinger gibt es ein warmes Büfett. »Da kannst du es dir aussuchen«, würde der österreichische Krimiautor Wolf Haas schreiben – einen Teller mit Fleisch oder eben vegetarisch ohne. Du kannst also auch beim Schweinsbraten mit Knödeln (Semmel- oder Kartoffelknödel) und Soße den Schweinsbraten weglassen und dafür Blaukraut nehmen und Bohnengemüse. Und ob mit oder ohne, das Essen schmeckt.

Hans, Nikolaus, Jakob, Fritz und Theodor, die männliche Wochingerlinie, braut Bier seit 1587. Ursprünglich in Niederbayern, seit 1892 in Traunstein und seit 1903 am heutigen Standort in der St.-Oswaldstraße, wo die »kleinste Brauerei Traunsteins« heute noch als Familienbetrieb geführt wird und ausschließlich Rohstoffe und Produkte aus der Region verarbeitet.

Adresse St.-Oswald-Straße 4, 83278 Traunstein; www.wochinger-brauhaus.com | **ÖPNV** Bahnhof Traunstein, circa 600 Meter Fußweg | **Anfahrt** A 8, Ausfahrt Traunstein, links 5,1 Kilometer auf B 306 Richtung Traunstein, links in Salinenstraße, links in St.-Oswald-Straße | **Öffnungszeiten** Wochinger Brauhaus Di–So 10–0 Uhr, Büfett 11.30–14 Uhr und 17–22 Uhr | **Tipp** Unterhalb der Traunsteiner Altstadt befindet sich die Salinenkapelle St. Rupert und St. Maximilian aus dem frühen 17. Jahrhundert. Umgeben ist die Kirche von weiteren historischen Gebäuden des denkmalgeschützten Gesamtensembles aus der Salinenzeit (1619–1912).

110_Die Wallfahrtskirche Maria am Mühlberg

Und ein Christus mit Seeblick

Eigentlich geht es hier in erster Linie gar nicht um Jesus. Aber er hängt außen an der Kirche am Kreuz und zieht zuerst die Blicke der Ankommenden auf sich, die seinen herrlichen Ausblick auf den Waginger und den Tachinger See von dort oben teilen. Vom Mühlberg blickt man hinunter auf eine liebliche Landschaft, kann sich mit etwas Phantasie vorstellen, wie am Ende der Eiszeit die Gletscher abschmolzen und Endmoränen aus zermahlenem Gestein zurückließen, die heute sanfte grüne Hügel sind. Die Mulden füllten sich mit Wasser, hellgrün strahlt der nördlichere, der Tachinger See, dezenter blaugrün der Waginger See. Man schaut mit Christus hinunter auf Dörfer mit schindelgedeckten Kirchen mit Zwiebeltürmen, auf geraniengeschmückte Häuser und Gärten und findet daran ein ganz altmodisches Wohlgefallen.

Hauptperson auf dem Mühlberg ist aber die Jungfrau Maria, die hier in einer Wallfahrt verehrt und bei vielfältigen Leiden um Hilfe angerufen wird. Die Decke des Kirchenvorraums ist mit Votivtafeln ganz eingedeckt. Von Schiffsunglücken auf dem sturmgepeitschten See wird dort berichtet, von gottesfürchtigen, aber kinderlosen Ehepaaren, von einem Krankenlager, auf dem eine Dame in den vielen Decken fast versinkt, und, ganz aktuell, von einem Traktor, dessen Jaucheanhänger ein Kind beinahe überrollte. Alle haben sich der Mutter Gottes »versprochen«, und augenscheinlich wurde ihnen geholfen.

So wie der Magd Eva im 17. Jahrhundert. Ihr war auf dem Mühlberg eine schöne Frau in prächtigen Kleidern erschienen. Sie zeigte auf einen Birnbaum und verschwand. Eva fand einen Kupferstich des Ettaler Gnadenbildes am Baum – oder auch ein Papierbild, hier widersprechen sich die Quellen. Das Volk kam betend zu diesem Ort, die Kirchenobrigkeit gab irgendwann ihren Widerstand auf und errichtete nach 1709 eine Kirche auf dem Mühlberg.

Adresse Mühlberg 2, 83329 Waging | **ÖPNV** RVO-Bus 9519, Haltestelle Gaden, circa 30 Minuten Fußweg über Egg | **Anfahrt** A 8, Ausfahrt Traunstein, links 5,1 Kilometer auf B 306 Richtung Traunstein, geradeaus auf B 304, nach 850 Metern links in Heilig-Geist-Straße (St2105), 10,6 Kilometer folgen, rechts in St2104, rechts in Egg, nach 1,2 Kilometern rechts in Mühlberg | **Tipp** Eine Attraktion in Waging ist das Vogelmuseum im Untergeschoss der Touristeninformation, Salzburger Straße 32. Es werden mehr als 300 präparierte Vögel in einer Nachbildung ihrer natürlichen Umgebung gezeigt.

111_Die Kallbrunnalmen

Jausenstation und Kaskeller

Man steigt im Pinzgau auf eine Alm und hört so viel Pinzgauerisch wie Bayerisch, sieht Jeeps mit Kennzeichen ZE (Zell am See) und BGL herumstehen, kauft Käse im bayerischen Kaskeller und kehrt dann in der Pinzgauer Jausenstation ein. Was ist hier los?

Die auf 1.400 bis 1.600 Metern herrlich gelegene Kallbrunnalm mit ihren neueren Almhütten und alten »Kasern« ist nicht nur landschaftlich besonders schön im Grenzgebiet von Bayern und Österreich gelegen, sie hat auch eine lange Geschichte und ist ein historisch-politisches Kuriosum. Urkundlich erwähnt wird die Alm bereits 1385. Sie gehörte zur Grundherrschaft der Fürstpropstei Berchtesgaden. Berchtesgaden war ja, bevor es 1810 zu Bayern kam, ein eigener kleiner Staat, der von einem Fürsten, der zugleich kirchlicher Herrscher war, regiert wurde. 18 Bauern aus Ramsau und Bischofswiesen nutzten damals das Almrecht. Im 18. Jahrhundert erhielten erstmalig drei Bauern aus dem Pinzgau Teilrechte zur Almbewirtschaftung. Heute beweiden in den Sommermonaten etwa 350 Rinder die Almen, mindestens 80 Schafe und einige Ziegen. Und man sieht ihnen nicht an, ob sie aus Ramsau und Bischofswiesen in Bayern oder aus Lofer, St. Martin und Weißbach im Pinzgau kommen. Die Kallbrunnalm ist also eine echte Euregio, wenn auch im Minimundus-Format.

Dass auf den Almen der berühmte Kallbrunner Almkäse in verschiedenen Sorten produziert und im Kaskeller vor Ort verkauft wird, ist ein Grund mehr, sich auf den Weg hinauf zur Alm zu machen. Wem Kas- und Speckbrote nicht genügen, der kann auf die österreichische Jausenstation ausweichen und beliebig zwischen den Regionen und Sprachen hin- und herwandern. Da man von Weißbach aus in 1,5 Stunden oben ist und der Forstweg auch für Mountainbiker und geländegängige Kinderwagen erschließbar ist, geht man am besten am frühen Morgen hinauf und meidet die Wochenenden, wenn man kann.

Adresse Pürzlbach 11, A-5093 Weißbach bei Lofer; www.kallbrunnalm.at | **ÖPNV** Almerlebnisbus RVO 847, Mitte Mai–Mitte Okt., ab Hintersee bis Haltestelle Abzweigung Kallbrunnalm, von dort circa 2,5 Stunden zu Fuß | **Anfahrt** B 21 von Bad Reichenhall Richtung Lofer, nach Grenzübergang 9,3 Kilometer auf B178, Ausfahrt Lofer auf B 311, Kreisverkehr 3. Ausfahrt B 311, 9,7 Kilometer folgen, bei Weißbach bei Lofer links, nach 1 Kilometer rechts Richtung Pürzlbach, Beschilderung Wanderparkplatz Pürzlbach folgen | **Tipp** Die Milch der etwa 185 Milchkühe auf der Kallbrunnalm wird im Kaskeller in einer eigenen kleinen Molkerei zu den Sorten Almkäse, Seehorner und Hochkranzer verarbeitet. Der Käse reift bei zwölf Grad Celsius und 90 Prozent Luftfeuchtigkeit. Verkauft wird vor Ort auf der Alm, im Kasladl in Berchtesgaden und in der Enzianbrennerei Grassl in Unterau.

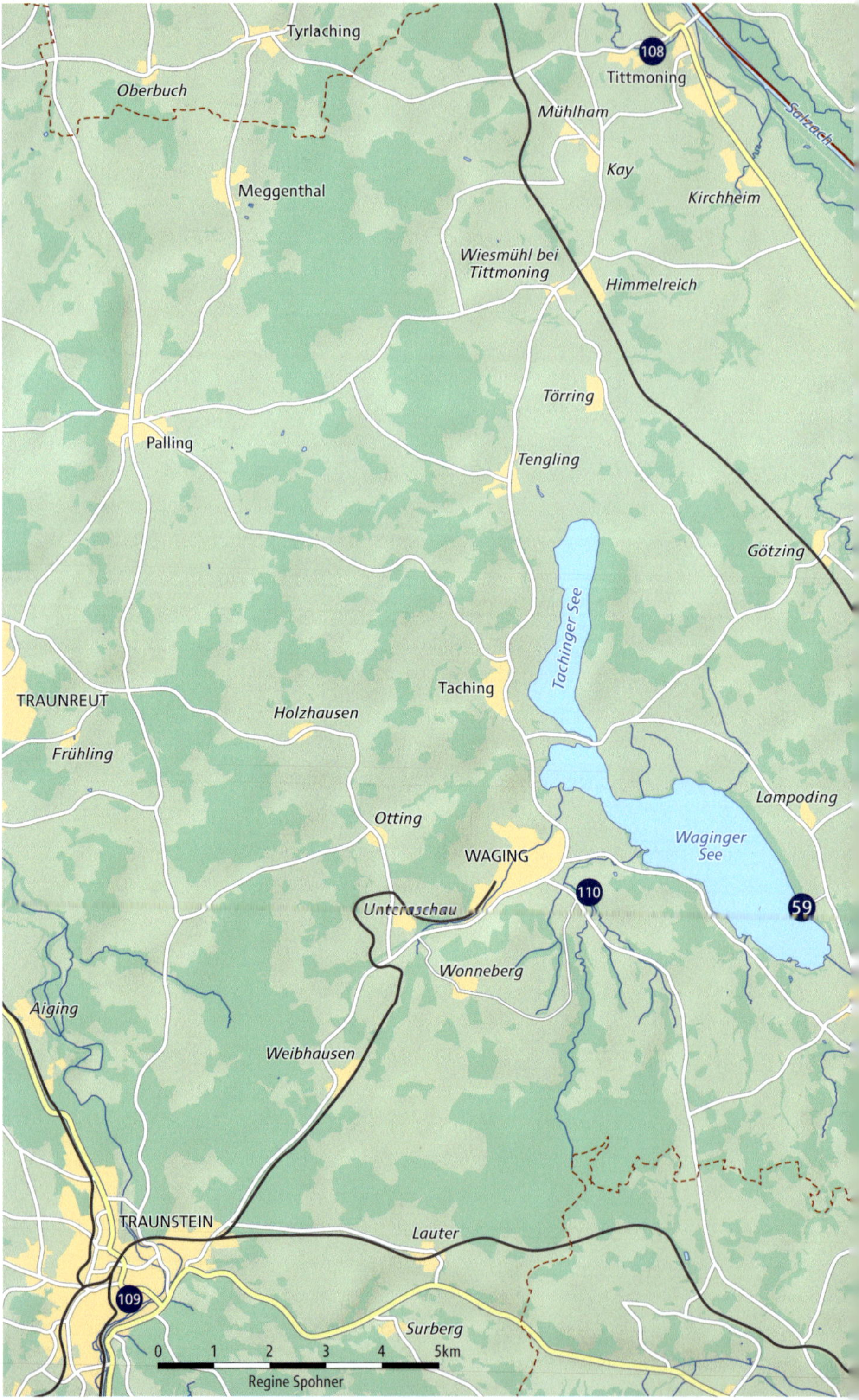

Tyrlaching
108
Tittmoning
Salzach
Oberbuch
Mühlham
Kay
Meggenthal
Kirchheim
Wiesmühl bei
Tittmoning
Himmelreich
Törring
Palling
Tengling
Götzing
Tachinger See
TRAUNREUT
Taching
Holzhausen
Frühling
Lampoding
Otting
Waginger
See
WAGING
110
59
Unterraschau
Wonneberg
Aiging
Weibhausen
TRAUNSTEIN
Lauter
109
Surberg
0
1
2
3
4
5km
Regine Spohner

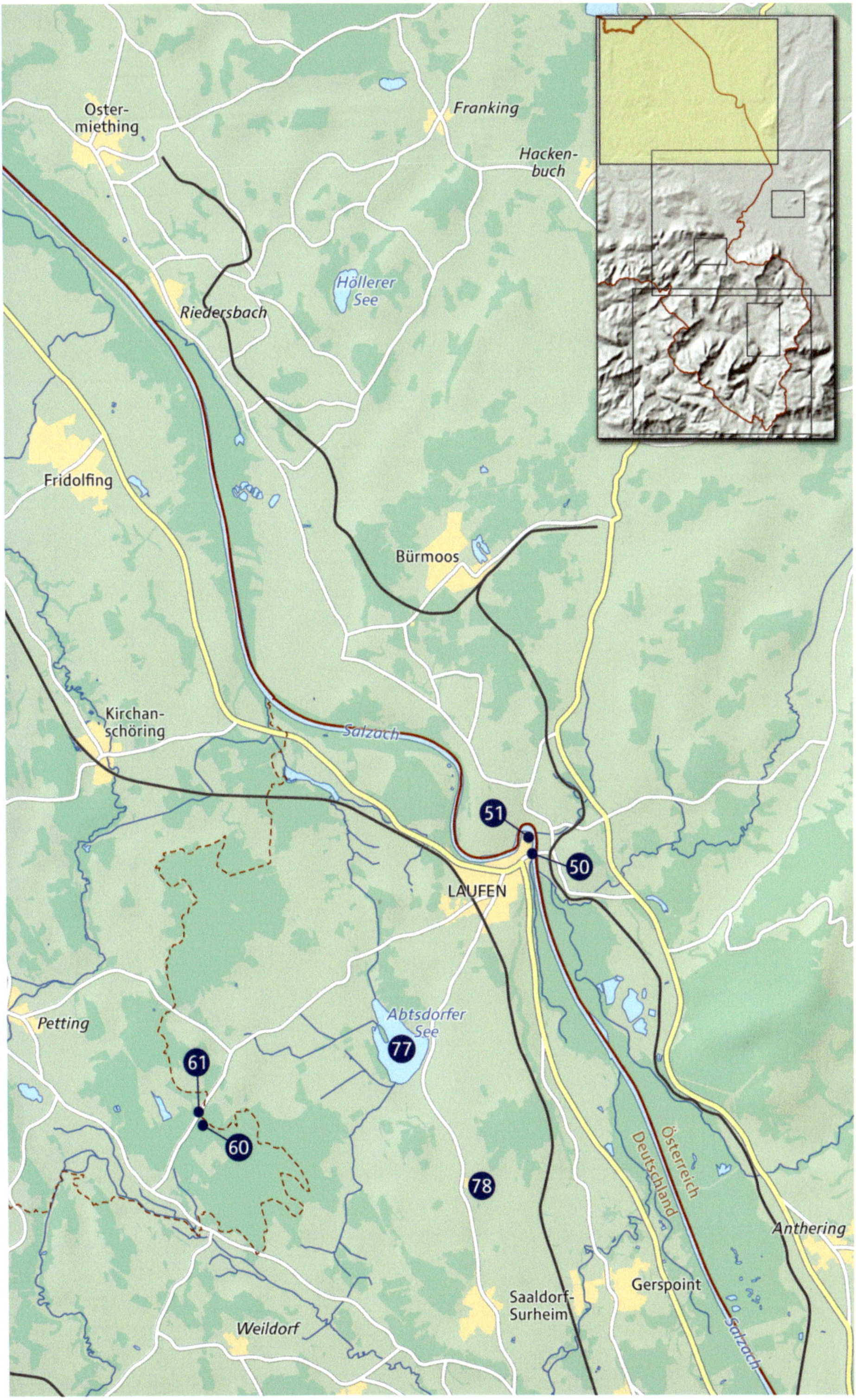
Oster-
miething
Franking
Hacken-
buch
Höllerer
See
Riedersbach
Fridolfing
Bürmoos
Kirchan-
schöring
Salzach
51
50
LAUFEN
Petting
Abtsdorfer
See
77
61
60
78
Österreich
Deutschland
Anthering
Gerspoint
Saaldorf-
Surheim
Weildorf
Salzach

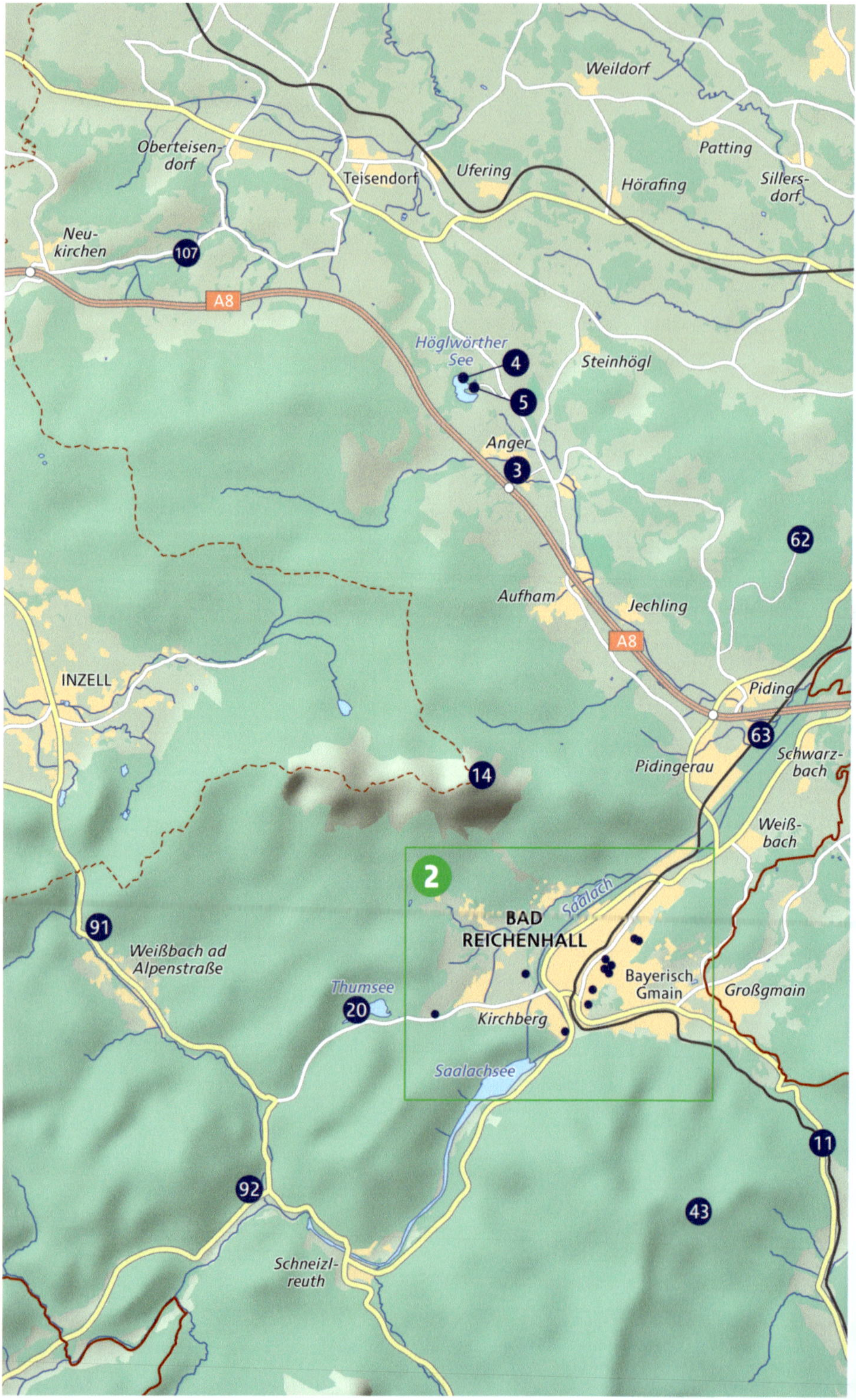

Weildorf
Oberteisen-
dorf
Patting
Teisendorf
Ufering
Hörafing
Sillers-
dorf
Neu-
kirchen
107
A8
Höglwörther
See
4
5
Steinhögl
Anger
3
62
Aufham
Jechling
A8
INZELL
Piding
63
Pidingerau
Schwarz-
bach
14
Weiß-
bach
2
Saalach
BAD
REICHENHALL
91
Weißbach ad
Alpenstraße
Bayerisch
Gmain
Großgmain
Thumsee
20
Kirchberg
Saalachsee
11
92
43
Schneizl-
reuth

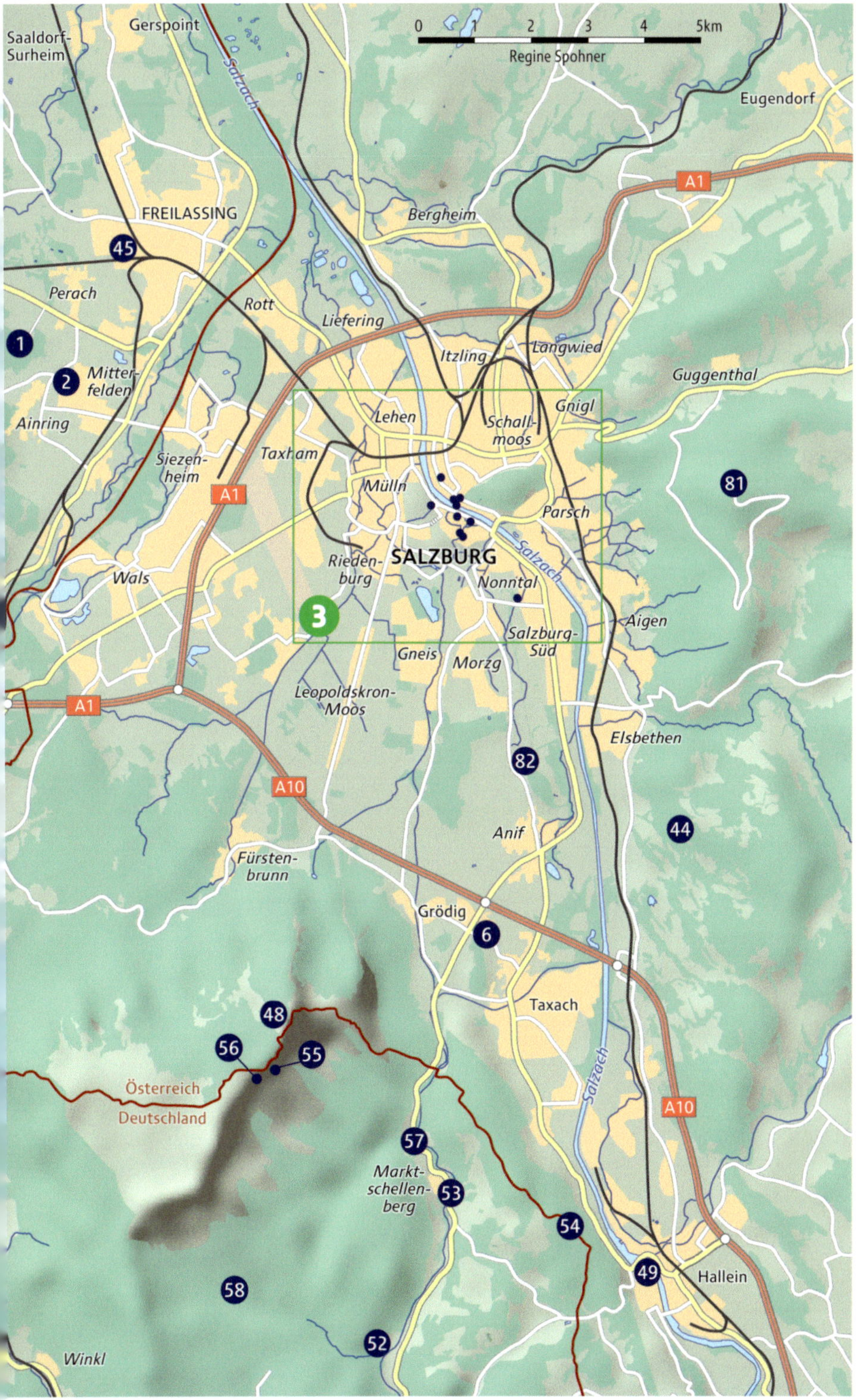

0
1
2
3
4
5km
Regine Spohner
Saaldorf-
Surheim
Gerspoint
Salzach
Eugendorf
A1
FREILASSING
Bergheim
45
Perach
Rott
Liefering
1
Itzling
Langwied
2
Mitter-
felden
Guggenthal
Lehen
Gnigl
Ainring
Schall-
moos
Taxham
Siezen-
heim
81
A1
Mülln
Parsch
SALZBURG
Rieden-
burg
Wals
Nonntal
3
Aigen
Salzburg-
Süd
Gneis
Morzg
A1
Leopoldskron-
Moos
Elsbethen
82
A10
44
Anif
Fürsten-
brunn
Grödig
6
Taxach
48
56
55
Österreich
Deutschland
A10
57
Markt-
schellen-
berg
53
54
49
Hallein
58
52
Winkl

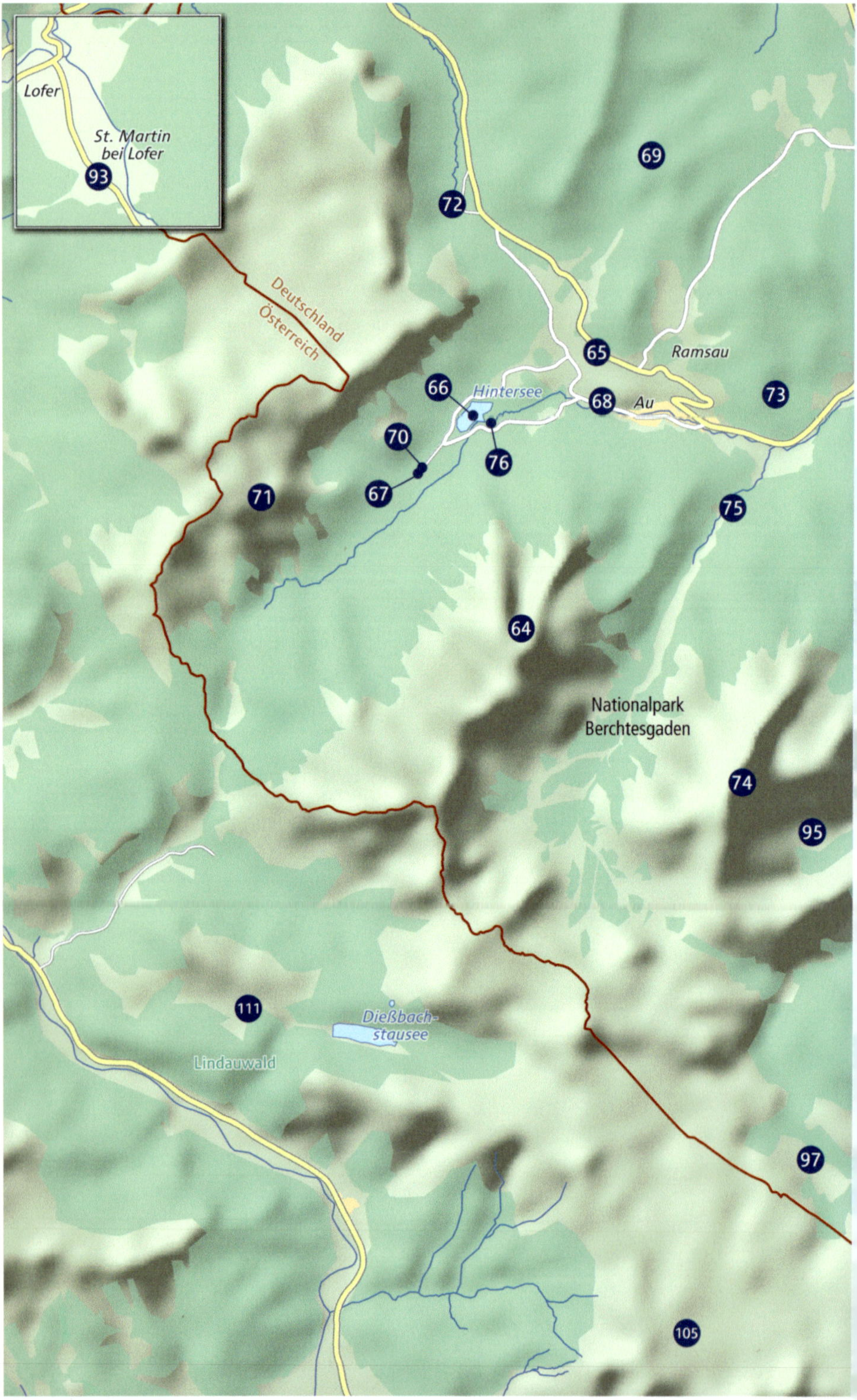

Lofer
St. Martin bei Lofer
93
69
72
Deutschland
Österreich
65
Ramsau
66
Hintersee
68
Au
73
70
76
67
71
75
64
Nationalpark Berchtesgaden
74
95
111
Dießbach-stausee
Lindauwald
97
105

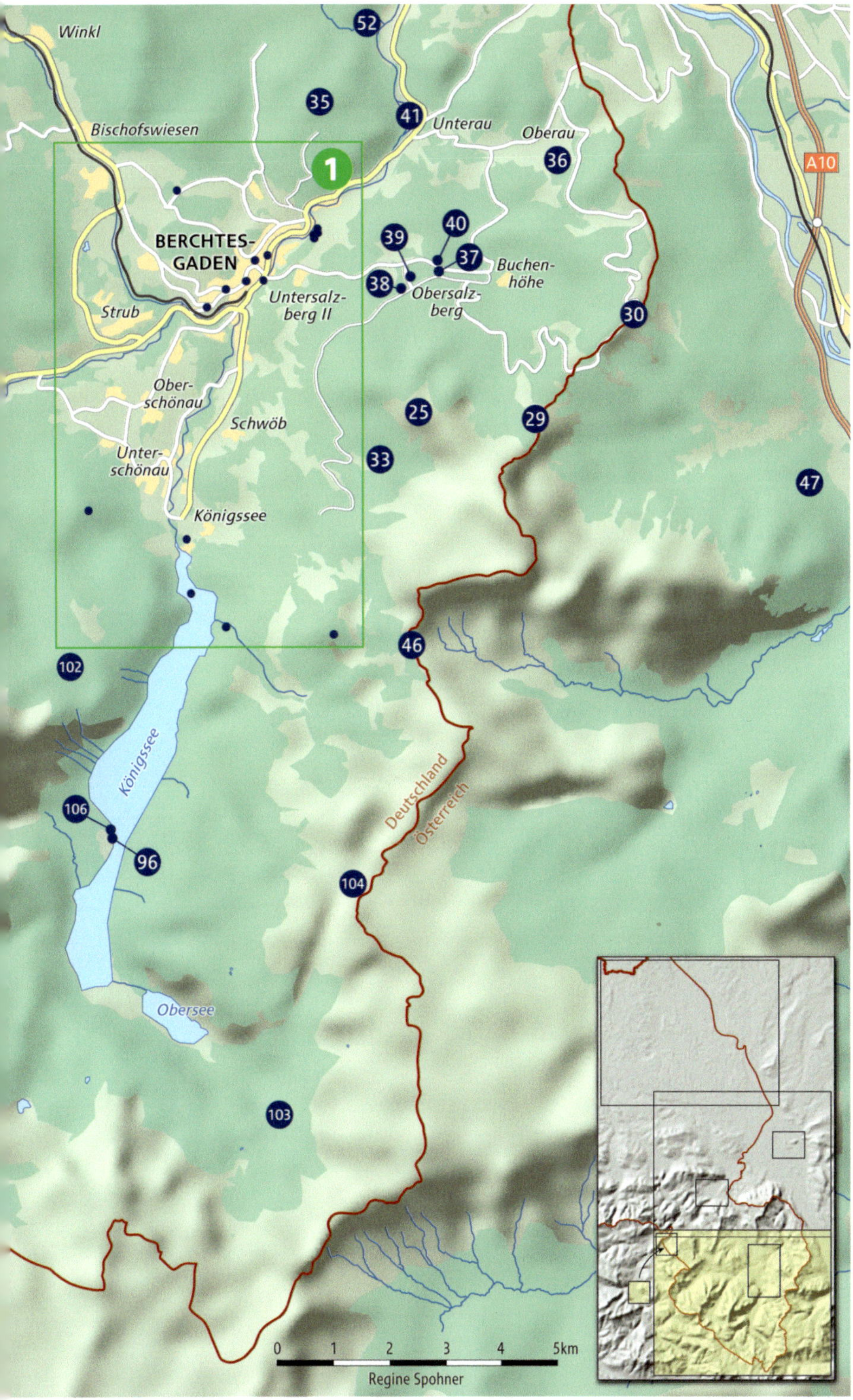

Winkl
52
35
41
Unterau
Oberau
36
Bischofswiesen
1
A10
BERCHTES-
GADEN
39
40
37
Buchen-
höhe
38
Obersalz-
berg
Untersalz-
berg II
Strub
30
Ober-
schönau
Schwöb
25
29
Unter-
schönau
33
47
Königssee
46
102
Königssee
Deutschland
Österreich
106
96
104
Obersee
103
0
1
2
3
4
5km
Regine Spohner

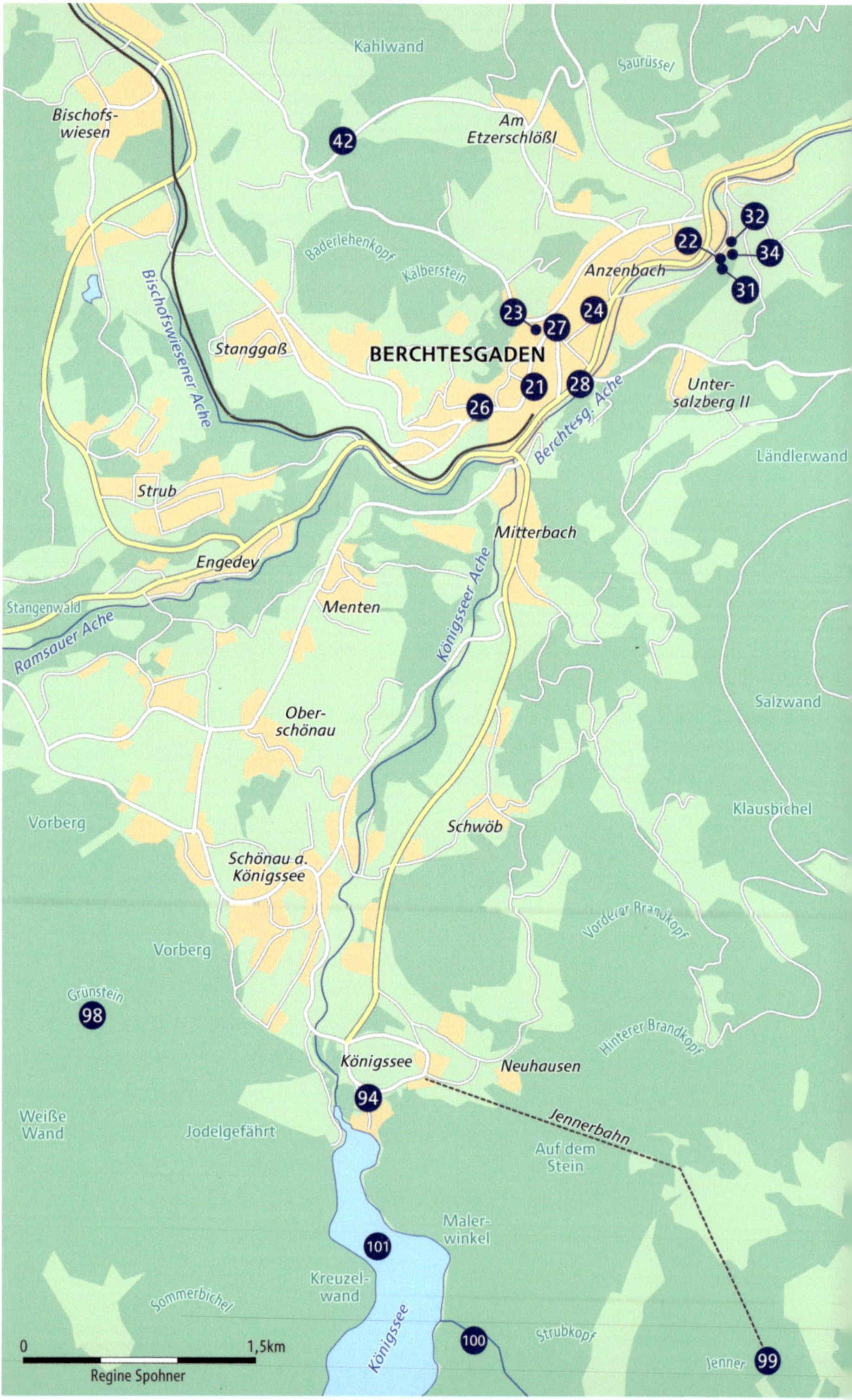

Kahlwand
Saurüssel
Bischofs-
wiesen
42
Am
Etzerschlößl
32
22
34
Baderlehenkopf
Kälberstein
Anzenbach
31
Bischofswiesener Ache
23
27
24
Stanggaß
BERCHTESGADEN
21
28
Unter-
salzberg II
26
Berchtesg. Ache
Ländlerwand
Strub
Mitterbach
Engedey
Stangenwald
Menten
Ramsauer Ache
Königsseer Ache
Salzwand
Ober-
schönau
Klausbichel
Vorberg
Schwöb
Schönau a.
Königssee
Vorderer Brandkopf
Vorberg
Grünstein
98
Hinterer Brandkopf
Königssee
Neuhausen
94
Weiße
Wand
Jodelgefährt
Jennerbahn
Auf dem
Stein
Maler-
winkel
101
Kreuzel-
wand
Sommerbichel
Königssee
100
Strubkopf
0
1,5km
Regine Spohner
Jenner
99